三毛

上天独宠追梦人

白芷寒——著

中国纺织出版社

内 容 提 要

世人皆有梦想，大多无处安放，匆忙的时光里，被午夜的梦寂寞收藏，却有人因为执着寻梦，熠熠发光。所以，世界一隅的那个女子才没有被时光遗忘。纵使她的人生短暂如烟火，但她的名字，她的故事，被越来越多的人记住，她把现实变成了无数人们的渴望。

自由、爱情、文字、简单的快乐……这是三毛毕生执着的梦想。从书屋里安静的读书孩童，到自卑阴郁的少女，到魅力四射的东方公主，再到为爱狂奔的帅气姑娘……只要触碰了她的人生，就忍不住勾起向往。

翻开书，走进三毛的人生，到她的生命里，领略自由，爱情，梦想！

图书在版编目（CIP）数据

三毛：上天独宠追梦人 / 白芷寒著. --北京：中国纺织出版社，2016. 8（2022.8 重印）

ISBN 978-7-5180-2480-3

Ⅰ.①三… Ⅱ.①白… Ⅲ.①传记文学—中国—当代 Ⅳ.①I25

中国版本图书馆CIP数据核字（2016）第060603号

策划编辑：郝珊珊　　责任印制：储志伟

中国纺织出版社出版发行

地址：北京市朝阳区百子湾东里A407号楼　邮政编码：100124

销售电话：010—67004422　传真：010—87155801

http：//www.c-textilep.com

E-mail：faxing@c-textilep.com

中国纺织出版社天猫旗舰店

官方微博http：//weibo.com/2119887771

佳兴达印刷（天津）有限公司印刷　各地新华书店经销

2016年8月第1版　2022 年 8 月第 3 次印刷

开本：710 × 1000　1/16　印张：14.5

字数：123千字　定价：39.80 元

序言

梦想是一个美丽的词汇，有着魔法般的能量，在人们的心中，闪烁着独特的光芒。而每个人心中都有着一个关于梦想的定义，一场说走就走的旅行，一个穿越世界的壮举，一段浪漫到虚无的爱情，一段跌宕起伏的传奇故事……只是我们背负着各种各样的责任，很难挣脱自己的人生。我们深深渴望，却难以到达。

于是，我们常常立足平凡，遥望着远方。我们常会把目光聚焦于勇敢的追梦人，对一个熟悉的名字饱含深情。

她是三毛，独特的三毛，为梦而生的三毛。她用整个生命，把我们的渴望，活成了人生。

世人深爱三毛，原因各有不同。因她笔下故事，因她传奇人生，因她自由不羁，因她痛快淋漓地、尽情地追梦、逐爱、享自由。

如今，她已离开了这个繁重的世界，却永远定格在那一段的自由时空。

在那一段老旧的时光里，在那些密密层层的文字中，我们可以寻到她的身影。在她人生的开端，充满寂静的欢喜，童年的时光刻画了独特与辛凉，成长的故事里又涂鸦了叛逆的青春，追梦路上，写下了童话般的诗意。

这一生她始终在路上，一步步地涂画着不一样的精彩，而这一路走来却又并不容易，品过寂寞辛酸，尝过离别深痛。

看过她的精彩故事，读过她的传奇人生，我们可以收获故事之外的领悟。她生命的重点，并不是走遍万水千山的旅程，而是无论身处怎样的境遇，都能认真地、热忱地对待人生。而我们并非无力追梦，重新审视过梦想的定义，你会明白自己真正想要的人生。

也许，我们未必要去远方，大可以满怀热忱地对待生命，把细碎的生活过出独特的色彩，在自己的生命里，好好地圆梦。

翻开书，跟随三毛，开始一段追梦的旅程，经历跌宕起伏的故事，过一段写意人生。

白芷寒
2016年3月

目录

叁

肆

伍

陆

每个人心里一亩一亩田

每个人心里一个一个梦

一颗呀一颗种子

是我心里的一亩田

用它来种什么

用它来种什么

种桃种李种春风

开尽梨花春又来

那是我心里一亩一亩田

那是我心里一个不醒的梦

——《梦田》三毛作词

第一章

寂静流光·翩翩起舞的往昔梦幻

1 采撷一段浪漫记忆

她是微笑的骆驼，昂首奔跑在荒漠的海洋中。正是黄昏，无际的黄沙上有寂寞的大风呜咽着吹过，天是高的，地是沉厚雄壮而安静的，而她是欢喜的，尽管漂泊一生，她将自己的爱深埋在苍茫沙海间。

她是骄傲的骆驼，用滚烫的掌心触摸世界跳跃的激情。游历四方，从重庆到台湾，从中国的台湾到欧洲，从欧洲到南美，她一路行走，一路收集遗落的梦想，万水千山走遍，这头骄傲的、怀有梦想的骆驼，奏响了生命最动听的乐章。

“我慢慢的睡了过去，双手挂在你的脖子上。

远方有什么人在轻轻的唱歌——不要问我从哪里来，我的故乡在远方，为什么流浪，流浪远方……”不知是哪段旅程，三毛写下了这样的文字。她的故乡在远方，她的故乡在撒哈拉最美丽的沙漠。

爱在撒哈拉。有一种情怀叫故乡，三毛热爱每一分美丽，珍惜每一分感动。诚然，对她来说，台湾那片土地才是故乡，那里有父母兄弟，有思念盈满心间。但午夜入梦时，三毛心心念的，依旧是这片黄沙弥漫的风情地，因为痴迷，更因为荷西。

深入大漠，探寻三毛生活的痕迹。当大巴冲下沙丘，驶过潟湖湿地，当车窗外出现沙漠的点点星光，三毛魂牵梦萦的阿雍小镇便出现在眼前。天高云阔，残阳似血，黄沙弥漫，大风呜咽，在这寂寥的大地上，我仿佛看到了她。

我看到了她，在黄昏的阿雍机场。那天，她终于来到这里，与梦中的撒哈拉赤诚相见，那天，荷西握着她的手，在她耳边轻声呢喃：“你的沙漠，现在你在它的怀抱里了。”

天涯之边，沙漠之上，一对含情脉脉的恋人携手相对。四目交错，情意绵延，他外表粗犷，却为这个叫作三毛的东方女子柔软细腻，她潇洒不羁，也为那个叫作荷西的西方男人柔情似水。

我看到了她，在加泰罗尼亚大街的坟场区。时过境迁，当年的街道已经换了模样，也更了姓名，但在当地人眼里，这里永远都是记忆中的加泰罗尼亚大街，三毛的家就坐落在这里。

这个家的正对面，是一大片垃圾场，再前面是一片波浪似的沙谷，再远就是广大的天空。家后面是一个高坡，没有沙，有大块的硬石头和硬土。

这是三毛笔下的加泰罗尼亚大街。那天，她和荷西携手走在零落的空心砖长街，长街的尽头，那栋小小的、有长圆形拱门的房子，是属于两人的天地。

到家了，荷西放下行李，打开房门，抱着三毛走过暗淡的短走廊，走进他们简陋的家。他说："我们的第一个家，我抱你进去，从今以后你是我的太太了。"

高低不平的水泥地、赤裸裸的空心砖墙、光秃秃的灯泡、满是苍蝇的电线，还有房子中间四方形的大洞……这是三毛见过最寒碜的房子，但因为荷西，她爱极了这里："很好，我喜欢，真的，我们慢慢来布置。"

在三毛眼里，大漠有着广袤的魅力，也有着荒凉的悲怆。这里黄沙渐欲迷人眼，却无浅草没马蹄，这里烈日炎炎，生活清苦，但三毛不怕，躺在荷西怀里瑟瑟发抖的她，依旧不忘在心里默念，撒哈拉，我来了，我在你的怀里，与荷西相拥而眠。

我看到了她，在镇上的摩洛哥法院，这座红色小楼属于阿雍的标志性建筑，有着高高耸立的巍峨钟楼。几十年风雨飘摇，当年在二楼办公的法院只留下空荡荡的门廊，但我还是看到她，看到她和荷西的婚礼。

那天，她身穿淡蓝色细麻布长衣，脚踩凉鞋，头戴一顶草编的阔边帽子。那天，荷西精心修剪了自己的大胡子，身穿深蓝色的衬衣。那天，两个几乎一无所有的年轻人，在西装革履的西班牙法官的见证下，结为永生永世的夫妻。

他们手挽手走进礼堂，两个紧张的人儿，略显僵硬地坐在自己的位置上，如同木偶般听之任之。

“三毛，你愿意做荷西的妻子么？”

年轻法官的声音传来，她知道自己应该回答“是！”，但不晓得怎么了，到了嘴边竟然变成了“好！”。

法官被她逗乐了，回头又问荷西：“荷西，你愿意做三毛的丈夫么？”

“是！”荷西的回答庄严而神圣，天知道这一刻他等了多久。就这样，他们完成了生命中最重要的仪式。

有人说，爱是一种图腾，令人向往，也令人却步。是的，时间褶皱里，多少点滴过往，凝结成化不开的寂寞诗句，才下眉头，更上心头。但是，在历史的轨道上，总有一些令人无法忘怀的人和故事，每每忆起，皆是暖心的浪漫，三毛、荷西当如是。

荷西是因为三毛才选择撒哈拉的。每个人心中都有一个神圣不可侵犯的殿堂，那里承载着自己对浪漫的所有想象，而三毛的殿堂，就在撒哈拉沙漠。在文章中，她如是感慨道：“撒哈拉沙漠，在我内心的深处，多年来是我梦里的情人啊！”

撒哈拉是三毛的情结，自从《美国地理杂志》的惊鸿一瞥，她就在心中播下一颗梦想之种——她要成为第一个横穿撒哈拉沙漠的女探险家。她说：“我只看了一遍，我不能解释的，属于前世似的乡愁，就莫名其妙、毫无保留地交给了那一片陌生的大地。”

或许，对于三毛这般随性的女子来说，有些行为是没有原因的，也无须解释，那是宿命般的存在。于是，她常常对朋友们说，自己要去沙漠走一趟，但大家只当是痴人的玩笑话，除了另一个痴人。

这个痴人就是荷西。三毛说：“等我给自己排好时间，预备去沙漠住一年时，除了我的父亲鼓励我之外，另外只有一个朋友，他不笑话我，也不阻止我，更不拖累我。”

荷西是懂她的，懂得她的倔强，也懂得她的梦想。他知道，这个不羁的女子不会轻易改变自己的计划，那就换自己来改变吧。荷西从小就向往海洋，但为了心爱之人，他毅然决然地放弃了那抹湛蓝，来到干涸的荒漠，看长河落日、大漠孤烟。

于是，荷西悄悄申请了去撒哈拉沙漠工作的机会，提前去那里等她，为她安置一个家。荷西是朴实热烈的西班牙男人，他给三毛的浪漫，就是在她魂牵梦萦的地方娶她。

他真的娶了她，在这炽烈的土地上。后来，三毛回忆说：“在这个人为了爱情去沙漠里受苦时，我心里已经决定要跟他天涯海角一辈子流浪下去了。”

时间定格，三毛和荷西的爱情，流淌在这片黄色的、温热的沙漠间。她的爱，在这里，她的梦，在这里。

采撷一段浪漫记忆，厮守终老，那时的三毛，拥有发自内心的快乐。她这样写道：“真正的快乐，不是狂喜，亦不是苦痛，它是细水长流，碧海无波，在芸芸众生里做一个普通人，享受生命一刹那的喜悦，那么我们即使不死，也在天堂里了。”

她虔诚地生活着，在撒哈拉的怀抱里。只是天不遂人愿，六年一逝，荷西与她天人两隔，至此后，她的整个人生都成了将就。

这都是后话了。岁月如风而逝，幸福的瞬间永远定格在美丽的文字中，千秋万代，永不磨灭。这一次，让我们穿透岁月密云，漫溯时光洪流，走进她短暂的生命，触摸那幸与不幸间的自由灵魂。

2 沐浴战火里的寻常人家

一切生命，平庸或精彩，总要有个开端，而三毛，她的故事开始于重庆市一个名叫黄角椏的地方。

黄角椏，一个弥漫着乡土气息的小小城镇，自古以来就流传着这样一首民谣：黄角椏，黄角椏，黄角椏下有个家，生个儿子会打仗，生个女儿写文章。虽然陈家只是流落于此的外来户，但三毛的出生，恰恰应验了这里的民谣。

那是一段血染的战争年月，日寇横行，哀鸿遍野、生灵涂炭的苦难如同厚重的黑色毡垫，笼罩在满目疮痍的中华大地上。举目都是流血的民众，满眼皆为号哭的灾民，在日本侵略者的铁蹄之下，岌岌可危的中华民族正苟延残喘着。

1937年，国民政府在日军战火的逼迫下，将都城从南京迁到地处西南的重庆。当时，南京大屠杀的血腥味尚未消散，弃金陵百姓性命于不顾的国民政府落荒而逃，另觅他处，没有丝毫歉疚之意。

嘉陵江畔，多雾山城，日寇的铁蹄还未打破这里的宁静。日日宴舞，夜夜笙歌，重庆的繁华不减昔日秦淮。为了躲避战乱，各路人士紧紧跟随政府的足迹，纷纷涌入重庆这座历史名城，而三毛的父亲陈嗣庆，便是其中的一员。

三毛之父陈嗣庆，浙江定海岱山岛人，是苏州东吴大学法律系的高才生，毕业后几经辗转，后到上海以教书为生，颇为儒雅博学。三毛之母缪进兰，上海人，是一位深受西式教育熏陶的女子，为人知书达理，很是善解人意。上辈人的婚姻，总免不了所谓的父母之命，媒妁之言，俩人也不例外，在媒人的牵线下，他们相识相知相恋，最终结为一对伉俪情深的良人佳偶。

嫁入陈家后，缪进兰成为一名专职的主妇，开始了相夫教子的小室生活。后来，为了躲避战乱，她随丈夫来到重庆，定居黄角桠，而三毛，就降生在这个带有古典韵味的小城镇，那时她叫陈懋平。

1943年，战乱即将平息，中国人民浴血八年的抗战之旅，终于到了遥祝胜利的关键时刻，这是黎明前的黑暗，三毛的幼小生命，就孕育在血染的江山中。

早春时节，淡红色的曙光带来上帝的福音，带进山峦重雾间的陈家小院。乍暖还寒的时刻，四月的芳菲盈满视线，春天的使者踏着轻快的脚步，翩跹而至。随着一声温软的啼哭，天使降临世间，带来莺歌燕舞般的美好。

对于自己的出生，三毛有这样一段文字描述：“有一年，中国和日本打了好久好久的仗，就在两国不再打的时候，一个婴儿生了下来……”稚气的话语，透着烂漫的天真，对于这些并不真切的记忆，她宛若在讲一个漫长的故事，用平常的开篇句式。

有人说，三毛之降生，正如一朵奇葩诞生在瑰丽的花园之中，带着淡淡的清香，飘在陈家的庭院之中。是的，饱受战乱流离之苦的陈嗣庆，对新生的女儿寄予了对和平的无限向往，对他而言，她就是耶稣基督赐予的和平使者，她来了，胜利的曙光也遥遥在望。

为此，他在给三毛取名的时候，毫不犹豫地选择了“陈懋平”。“平”，寓意和平，他不愿再有颠沛流离，不愿再有哀鸿遍野的血流成河，而结构复杂的“懋”，则是陈家族谱中的字。

沐浴战火，陈家并未在黄角桠驻足太久，大约只有三年光景。此间，年幼的三毛在生命的初始阶段并未留下太多痕迹，只是如同寻常孩童那般，默默成长在这座被狼烟所忽略的宁静小城。

这里是未受战火侵袭的世外桃源，这里是三毛幼时的保护神，捍卫了她纯真童年，封存了一段淡如清水的记忆。并且，细心的人们还会发现，这个女孩子拥有特立独行的叛逆品格，她敢于冒险，乐于探知，不似同龄的女孩那般娇小胆怯。

古灵精怪，这是三毛留给大人们的又一印象。这个小小的女孩，宛若来自另一个非凡世界的蒲公英，跟随奇妙的风飘落这个陌生的星球。因此，她对一切都充满好奇，大大的眼睛总是注视着身边的一草一木、一人一景。

有人开玩笑地说，三毛是陈家上辈子欠的债，今生是来偿还的。或许吧，当她开始学习写自己的名字，因为一直写不好笔画复杂的“懋”字，她便自作主张地跳过，写成“陈平”二字。对此，父亲陈嗣庆很是无奈，只得帮其把名字改为陈平。

那年，三毛不过3岁，因为名字，她独独个性了一把。

另外，陈嗣庆还说起过三毛的一段小故事：

“有一天大人在吃饭，突然听到打水声音激烈，三毛当时不在桌上。当我们冲到水缸边去时，发现三毛头朝下，脚在水面上拼命打水。水缸很深，这个小孩子居然双手撑住缸底，好使她高一点，这样小脚才可打到水面出声。当我们把她提着揪出来时，她也不哭，她说：‘感谢耶稣基督。’然后吐出一口水来……”

小小的年纪，稚气的言语，或许她的吐字也不是很清晰，但她捂着胸口说“感谢耶稣基督”的滑稽模样，真是让人打不是、骂不是、哭不得、笑不得。

幼时的她，活泼如斯，淘气如斯。三毛宛若一株独特的白莲，秀美清雅，远观可将美景尽收眼底，但近处把玩，定会被那层恶作剧的璀璨光芒，迷了眼睛。

初生的白莲，稚气未脱，惹人怜爱。长在黄角桠，陈家不过是寻常的知识分子家庭，但幼年时代的三毛，身体和心智都在不断成长，不断绽放对生命的想象与渴望。

3 金陵城中的别样时光

人生的年轮轻转，叩响童真的门扉，把孩提时候的我们，带进一个奇幻的瑰丽世界。回首童年，记忆的天空留下了什么，是掠空而过的大雁长鸣，还是随风飘散的红花绿叶？又或许，大人的童年只活在记忆里，它是蔓蔓青藤，嫩绿了纯真年纪，流淌出梦幻的烂漫纯真。

三毛如是说，童年，只有在回忆中显现时，才成就了那份完美。是的，童心是一片芳菲的草原，因为再也无法找回。长大后的三毛，有时也会怀念自己的童年，那些遥远而懵懂的记忆，再回首望去，总是散发出诱人的光辉，其中就包括金陵城中的那段别样时光。

三毛6岁前的童年生活，是在不断搬迁中度过的。生于乱世，如何庇佑一生，在战争的喧嚣中，她的家，从重庆黄角桠，搬到金陵南京，后来又经上海，远渡台湾。

颠沛辗转的童年由不得人，在中国历史大变革时代，这是一群人的缩影，也是三毛宿命的开始、流浪的开端。

然而，与同时代的许多中国儿童相比，三毛无疑又是幸运的。长在中产知识分子家庭，虽然屡遭迁徙之苦、辗转各地，但襁褓中的她被父母环绕，用生命护以周全，并未因饥馑冻馁受苦。对此，她这样写道："我虽然是抗战末期出生的'战争儿童'，可是在我父母的呵护下一向温饱过甚，从来不知物质的缺乏是什么滋味。"

是的，少年不识愁滋味，她从来不是张乐平笔下那个同名的流浪苦孩儿。

1945年9月，日军正式签署投降书，抗日战争以胜利告终。中日间的战火停息后，陈嗣庆不由松了一口气，在他看来，是这个尚年幼的女儿带来了和平的福音。然而，那时的他并未意识到，外患消失后，尚有内忧亟待解决。

两党相争，硝烟四起。为了躲避战火，陈嗣庆跟随国民政府，于1948年将家迁回了南京，那里暂时没有受到太多纷扰。

初到南京，三毛依旧是古灵精怪的幼童，玩耍起来更是花样百出。有时她跨着竹竿，绕着梧桐树骑马，有时她打雪仗、采桑、追鹅，有时她甚至自己动手制造玩具，比如用树枝折成"点人机"……

这个时候，三毛与同龄人不同的个性也开始日趋明显。她独立叛逆，性格有些孤僻，不喜与同龄的孩子一块儿玩耍。后来，陈嗣庆也说，三毛小时候很独立，也很冷淡。

当时，三毛最喜欢去的地方，是离家很近的一个坟场。昏暗山野间，阴风瑟瑟，乌啼阵阵，即使对于成年人，坟场也不是让人舒适的存在，更何况小孩子，那是恐怖故事里不愿想象的噩梦。然而，三毛敢于冒险，荒冢坟场于她不过只是童年的游乐场。

很多时候，她会静静地趴在坟头上玩泥巴，虽然只是一个人的自娱自乐，她却玩得不亦乐乎。或许本就胆大无畏，抑或不知恐惧是何物，对于她这个瘦小的孩童来说，四周的寂静可怖只是背景而已。

另外，幼年时候的她还有一个独特的嗜好——看屠夫宰羊。殷殷血色，羊羔哀鸣，她专注地盯着屠宰的全过程，连一个细节都不肯放过。从头到尾，她脸色如常，毫不介怀，也没有恐惧的痕迹。她终究与众不同，强烈的冒险精神从小便游离在她的血液中。

定居南京，陈家搬进了鼓楼头条巷四号。那是一幢宽敞的传统宅院，敦实而深沉，散发着古朴沉寂的气息。黛青砖瓦，书写冷暖交替，古木阁楼，细数燕去燕归，此去经年，换了光阴，经受风雨洗礼的老宅还在，屹立不倒，脉络清晰。

这里大气雅致，这里空灵安静，这里不同于黄角桠的小小院落。站在门台，看楼体重重盘绕，漫步黄昏，赏空静安然之景，又长大一点点的三毛不再混迹于市井，她开始读书，内心慢慢沉静下来，变得丰富而饱满。

父亲广博的学识，和母亲温婉的书卷气息，给古色古香的老宅增添了文化的韵律，在这样的熏陶下，三毛爱上读书也是情理之中，渐渐地，家中的书房就成了她最流连的宝地。

室内书香弥漫，室外阳光明媚，一个个如洗的日子里，小三毛安静地坐在书桌前，津津有味地翻阅着一本又一本图书。岁月安好，流年盛放，这样的画面静谧而美好，连窗外青翠欲滴的梧桐，以及偶尔传来的清脆鸟啼，都添了别样的生机。

在书房，小三毛翻阅的第一本书，就是漫画家张乐平先生的名作《三毛流浪记》，或许这就是缘分。那时的她年纪尚小，并不能识得太多字，而这本没有文字、完全以图会意的漫画故事书，让这个目不识丁的女童，看得满心欢喜。

张乐平先生笔下，小主人公“三毛”是在上海街头流浪的孤儿，他的悲惨生活感动了千千万万的读者，其中就包括幼时的三毛。三毛回忆说：“我非常喜欢这两本书（《三毛流浪记》和《三毛从军记》），虽然它的意思可能很深，可是我也可以从浅的地方看它。”

三根头发，带出烂漫的童趣，典型的天真，让小三毛悄然沉醉，她有时笑，有时哭，完全融入故事之中。或许，在她天马行空的想象中，自己早就化身成为那个小小的流浪儿，带着三根摇摇晃晃的头发，勇闯天下。

书中自有黄金屋，沉溺其中的三毛，寻到了一个全新的世界，一个用文字和想象堆砌出来的奇妙世界。小小的年纪，大大的梦想，这是她第一次找寻到能够与生命相契合的物件，从此之后，她与图书，结下了一生的缘分，而第一本书《三毛流浪记》，也给她留下了终生难以磨灭的印象。

她的流浪根性，深植于张乐平笔下的三毛形象。26年后，远在撒哈拉沙漠找到归宿的她，将自己的笔名取为“三毛”，寓意到处流浪、四海为家，而这何尝不是对这段童年记忆的独特纪念。

儿时欢乐，曾把闲情托，岁月如歌，今吟清凉曲。成人世界的快乐，有很多复杂的标准，天真的孩童却不尽然，他们心里的花朵，总是开得格外容易，一本书、一段奇遇即可。

有人说，少年时光最难忘，因为世界毫不吝啬地将明媚洒在心间。蓦然回首，三毛将金陵别样的时光握在手心，暖得发光发热，而晨曦也不急不缓地爬上枝头，翻开下一页人生篇章。

4 乡愁是一湾浅浅的海峡

生于乱世，安逸无忧的日子总是短暂，一如最明媚的花开，常常来去匆匆，徒留惆怅的回忆和哀怨的追思。

如火如荼的解放战争仍在继续，最终打破了金陵的宁静。1949年，延河之水汇成滚滚铁流，冲垮了蒋家王朝的最后防线，曾经虎踞龙盘的国民政府兵败如山，仓皇逃往台湾，陈家再次跟随，举家迁徙。

他们是战火中的无辜生灵，无关政治，无关党派，几经挣扎求索，不过是在逃亡中探寻存活的勇气。一次次颠沛流离，太多人都失了纯真，添了风霜，却又不得不为了家人，重新披上坚强的精神铠甲。

炮火连天的年月，刀光剑影奏响血肉横飞的挽歌，生死之间全凭一腔热血和一丝运气。从欢声笑语的黄角桠，到宁静舒适的南京城，再到偏安一隅的宝岛台湾，他们被战争的车轮推动，不断在发黄的地图上寻找得以安全栖息的地方。

一路奔波，一路遭难，一路哀鸿遍野，尚且懵懂的三毛第一次懂得流浪的滋味。虽然周遭的境遇她看不真切，也不太懂得，但她依稀记得母亲在风雨飘摇的海上痛苦晕船的模样，以及跌坐在旁不断发抖的自己。

漂过东海，穿过波涛汹涌的台湾海峡，三毛当时的恐惧，是真真切切的。

抵达台湾后，陈家兄弟在台北建国北路的一幢日式小房子中安顿下来。荒僻街区，鲜有人烟，那呼啸而过的穿堂冷风，那郁郁青青的屋后野草，那浓密森木的悲鸟哀鸣，无不勾勒出百业凋敝的惨状。陈家上下，一共十几口人，全都拥挤在这狭小的房子，孩子们只能躺在地上睡觉。很多时候，无论睡着还是醒着，身边都是稚嫩的手脚。

战争乱了人心，也乱了社会。伴随着飞速的通货膨胀，陈家上下多年的积蓄和金银首饰全都换了食物，为了生计，陈家兄弟在举目无亲的孤岛之上四处奔波，寻找着生存的出路。

初来乍到，举目皆是陌生的街景，在这样的境遇下，陈嗣庆叹息着，终不能从容以对。常言道，一方水土养一方人，一个生命从孕育伊始，就开始吸吮一个地方的营养，那儿的水，那儿的空气，那儿的风土人情，全都在潜移默化间刻在骨子里，他们是大陆人，自是有舍不掉的乡愁和思念。

乡愁如烟。从李白的“举头望明月，低头思故乡”，到白居易的“望阙云遮眼，思乡雨滴心”，再到高适的“故乡今夜思千里，鬓愁明朝又一年”，相思无形，诗歌有形，水土之情和血脉之亲，是无论如何都割舍不断的。

长久以来，乡愁一直是中国诗歌长河里历久弥新的主题，而台湾当代诗人余光中的《乡愁》，是其中颇为动人的一曲，代表了那代人的共同心声——

小时候，乡愁是一枚小小的邮票，我在这头，母亲在那头。

长大后，乡愁是一张窄窄的船票，我在这头，新娘在那头。

后来呀，乡愁是一方矮矮的坟墓，我在外头，母亲在里头。

而现在，乡愁是一湾浅浅的海峡，我在这头，大陆在那头。

同为炎黄子孙，余光中虽身居海岛，他的乡愁蕴含着深厚的历史感与民族感。一海之隔，隔不断思念，一海之隔，隔不断乡愁，这不仅是余光中的乡愁，更是漂流到台湾的千千万万人的思乡情怀，这是任何时代的乡愁，都无法比拟的广度和深度。

正如余光中先生所说：“纵的历史感，横的地域感，纵横相交而成十字路口的现实感。”他将个人悲欢与强烈的祖国之爱、民族之恋交融在一起，撩起时代的乡愁。百川奔东海，千峰朝泰山，这首柔美而哀伤的回忆曲，是台湾游子最深沉的倾诉。

当然，幼时的三毛并不知乡愁为何物，孩子眼中的世界都是单纯的，并且天生乐天派。初到台湾，三毛的兄弟姐妹第一次见到了榻榻米，欣喜好奇的孩子们争先恐后地脱下了鞋袜，奔到榻榻米上欢呼雀跃："解放了！解放了！解放了！"都说童言无忌，但在当时的台湾，"解放"实属十恶不赦的字眼，大人们听见后，赶紧跑过来，喝止他们的"胡言乱语"。

这一年，三毛不过6岁，关于大陆的记忆，早就随着茫茫无涯的海涛渐行渐远，只余些许支离破碎的片段。然而，尽管如此，一脉相承的惺惺之情是流淌在血液中的，几十年后，台湾当局开始准许台湾部分民众返回大陆探亲，欣喜若狂的三毛当即热泪盈眶，并代替父亲回乡祭祖，探望故友乡亲。

那是1989年，三毛46岁，已入中年的她来到浙江舟山，那是她名副其实的故乡。在乡亲父老的簇拥下，她终于踏上了这片久违的土地，刹那间只觉百感交集！

她与亲友亲切握手，低声问候，恍惚间竟然不敢相信自己真的回到了家乡。望着一张张陌生而熟悉的面孔，她颤抖着声音问道："倪竹喜叔叔来了没有？"

话音刚落，一位白发苍苍的老人步履蹒跚地走了出来。她赶紧迎上去，含着眼泪抱住老人："竹喜叔叔，我3岁时，你抱过我，现在让我抱抱你！"

到了堂伯母家，三毛搀扶倪竹喜老人坐到房间中央的长沙发上，然后双膝跪地，毕恭毕敬地磕了三个响头。少小离家，终归故里，她入乡随俗，恪守着中华民族传统礼节，以传达自己对家乡的厚土深情。

两天后，她专门去陈家村祭祖，按照闽南风俗，郑重其事地施行祭拜仪式。在陈家祠堂的供桌前，她亲自点燃了六炷清香，合掌举至额头，然后虔诚地拜三拜，插在列祖列宗排位前的香炉里。

接着，她到祖父陈宗绪的坟前，献上鲜花，并点燃了九炷香，三炷敬天地，三炷敬祖父，三炷敬祖母。她双膝跪地，大拜三次，恭敬伏在地上的她，悲恸地哭诉着："阿爷，平平来看您来了！阿爷，平平要跟您说说话！阿爷，魂魄归来，侬一定要回来！"

她从坟头撮起一把尘土，小心翼翼地放进早已备好的麦秆小盒子，因为在她眼里，这是最珍贵的东西，生病了，拿它泡水喝，病就会好。她还从祖屋的老井里打了一桶水，装满随身携带的瓶子，她说，故乡的水是送给父亲最好的礼物。

当然，祖父坟前的尘土能治病，这纯属无稽之谈，想来三毛也不可能真的拿去泡水。但她就是这样固执地相信着，故土于她，也是不一样的存在。

离家千里，何处不乡愁。乡愁似梦，那山、那水、那土地，在魂牵梦萦的思念中变得多情起来，热切地欢迎着远乡归来的游子……

我们的三毛1

我女儿常说，生命不在于长短，而在于是否痛快地活过。我想这个说法也就是：确实掌握住人生的意义而生活。在这一点上，我虽然心痛她的燃烧，可是同意。

——三毛父亲陈嗣庆

第二章

拾荒少女·投身这世界上最妩媚的花园

1 小女孩的美丽梦想

童年的记忆，总少不了青青校园，那是成长伊始的主旋律。

初到台湾，三毛不过6岁，尚不到入学的年纪，但教女心切的缪进兰，硬是凭借一腔热情说动了老师。就这样，三毛早早成为台北市中正国民小学的一名新生。

去学校的第一天，母亲牵着她的手，静静走过蜿蜒的校园小路。对于这个陌生的地方，三毛心底有着很多好奇，她的眼睛骨碌碌地转着，古灵精怪地打量周遭的一切。只是，那时的她并不知道，这块新天地是怎样的多姿多彩，又充满着什么样的险绝。

从此后，三毛离开了庇护的港湾，独自行进在砂石遍地的河岸。每日清晨，伴随母亲温柔的呼唤，她在初升的阳光里懵懂醒来，并换上写有自己名字的校服，背着书包走出家门。每天早上的固定时间，台北某条街上都会有她小小的身影晃过，宛如一朵可爱的花瓣，顺着风的脚步轻巧滑行。

在学校，她背着手，规规矩矩地坐在课堂上，大声朗读课文，一笔一画地书写方方正正的汉字。放学后，她蹦蹦跳跳地走在回家的路上，一如当时所有的小学生。只是，三毛并不喜欢学校，她觉得这样刻板的生活，远不及在图书室安静读书来得自在。

长到六七岁，三毛依旧是个嗜书如命的小女孩。因此，在国语课本刚发下来的时候，她还是满心欢喜的，迫不及待地大声朗读起来，但读完一遍后，她的新鲜热忱劲儿就过去了，因为内容太过浅显。她是有阅读基础的，自然瞧不上国语课本上的小儿科，再加上那些一板一眼的拼音读写，三毛更觉无趣。

有一次，天真的她甚至跑到老师那里，抱怨国语课本编得太浅，她说，怎么能把小学生当傻瓜一样对待呢？对此，老师哭笑不得，只能拍拍她的小脑袋，随便哄了一通。

日子一天天轻盈而过，在课堂上过不了瘾的三毛，只好将目光放在了学校的课外读物上。当时，学校每月月中会发放杂志《学友》和《东方少年》，每每这时，三毛的生活就会涂上彩色，她欢天喜地地将杂志捧回家，迫不及待地一页页翻读，总在不知不觉间就看到最后一页。

于是，她又将目光放在堂哥们的书架上。鲁迅、巴金、老舍、郁达夫、周作人、冰心……无论是谁的书，她总能读得废寝忘食，不知今夕何夕。另外，她还流连于临近的租书店，只要有零花钱，她就会钻进文字的绚烂世界，再不肯出来。

对三毛来说，读书俨然成了最大的嗜好。她如是说："那时候报刊不够看，一看便完了。所以什么书拿到手来都给吞下去。"

五年级下学期，三毛开始读《红楼梦》。她非常喜欢这部中国古典文学巨著，总是在课下痴痴地看，而在课上的时候，她就将书藏在裙子下面，当老师转身写板书，她就掀起裙子瞥上几眼。

有天，她在课上读到第一百二十回"甄士隐详说大虚情，贾雨村归结红楼梦"：天下着茫茫的大雪，贾政写家书，正想到贾宝玉，突然见到岸上雪地上一个披猩猩大红氅、光着头、赤着脚的人向他倒身大拜下去。贾政连忙站起来要回礼，再一看，那人双手合十，面上似悲似喜，不正是宝玉吗！这时候突然上来了一僧一道，挟着宝玉高歌而去："我所居兮，青埂之峰；我所游兮，鸿蒙太空；谁与我逝兮，吾谁与从？渺渺茫茫兮，归彼大荒！"

看到这里，她觉得自己就是大雪中的贾政，怔怔地看着宝玉高歌而去，一时间百感交集。这一刻，她已完全进入书中，全然忘记自己身在课堂，连老师喊她名字都浑然不知。

老师看她这般痴傻样，并没有责怪她神游太虚，而是走到她的身边，关切地问她是不是身体不舒服。这时候，三毛总算回了些神，露出恍惚的笑容。后来，她如是回忆："那一刹那间，我顿然领悟，什么叫做'境界'，我终于懂了。文学的美，终其一生，将是我追求的目标了。”

是的，终其一生，文学的美都是三毛最大的追求。不知是文学一股脑儿地闯进了她的世界，还是她不经意闯进文学的海洋，反正，她与文学早已亲密无间。

当然，文学的耳濡目染也让三毛受益匪浅，比如她的作文写得极好。在小学时代，三毛的全科老师是一个教学认真又十分严厉的女人，斥责学生可以说是家常便饭，但在作文课上，她就会收起自己犀利的眼神，温柔地对三毛说：“陈平，快快写，写完了站起来朗读。”

在三毛的记忆中，这位色厉内荏的老师常常指名骂她，唯有这一周两堂的作文课，是她的太平时间。

只是，这样轻松的太平时间，也不总是太平的。有一次，老师出的作文题目是“我的志愿”，等到大家都写完了，便让三毛站起来朗读自己的作文。

这是三毛最喜欢的时刻，因为总能赢得老师和颜悦色的夸奖，以及同学们羡慕的目光，这让她觉得自豪无比。一切照旧，她无比自信地站直身体，捧着簿子大声朗读起来：

“我的志愿——我有一天长大了，希望做一个拾破烂的人，因为这种职业，不但可以呼吸新鲜的空气，同时又可以大街小巷的游走玩耍，一面工作一面游戏，自由快乐得如同天上的飞鸟。更重要的是，人们常常不知不觉的将许多还可以利用的好东西当作垃圾丢掉，拾破烂的人最愉快的时刻就是将这些蒙尘的好东西再度发掘出来，这……”

念到这儿，只听“啪”的一声，一块黑板擦打到了坐在自己旁边的同学。三毛愣住了，文章自然也念不下去了，但她并不知道发生了什么。

呆愣的片刻，她只听讲台上的老师一声大吼："什么文章嘛！你……"

原来是自己的作文惹火了老师，但她还是想不通。紧接着，老师一边拍桌子一边惊天动地地怒吼："乱写！乱写！什么拾破烂的！将来要拾破烂，现在书也不必念了，滚出去好了，对不对得起父母！"

听到这里，三毛只觉委屈万分。她不知道拾破烂有什么错，为什么会让老师发这么大的脾气，但她十分清楚这位老师喜怒无常的个性，这个时候她选择噤声少惹为妙。

大骂一通的老师看着三毛闷不吭声的模样，以为她意识到了自己的问题，又瞪了她一眼说："重写！别的同学可以下课。"

于是，三毛只得放弃自己的第一"志愿"，将作文改成如此这般：

"我有一天长大了，希望做一个夏天卖冰棒，冬天卖烤红薯的街头小贩，因为这种职业不但可以呼吸新鲜空气，又可以大街小巷的游走玩耍，更重要的是，一面做生意，一面可以顺便看看，沿街的垃圾箱里，有没有被人丢弃的好东西，这……"

可想而知，这篇作文还是不合格的，在老师眼里，志愿应该是宏伟远大的，她不能理解一个小孩子的烂漫想象。

就这样，作文交上去后，很快又丢下来叫重写。万般无奈下，三毛只得乱写一通："我长大后要做医生，拯救天下万民……"

这一次，她的志愿颇为远大，老师顿觉孺子可教，感动得给了个甲，并附上批语道："这才是一个有理想、不辜负父母期望的志愿。”

然而，这位执着的老师并不知道，那只砸偏了的黑板擦，以及两次重写的处罚，并没有改掉三毛拾破烂的信念，所谓拯救天下万民的医生，不过是敷衍而已。

当然，三毛后来并未以拾破烂为生，但她真的是拾着垃圾长大的，并且越拾越专业，那些破破烂烂的东西，总能被她妙手回春，独具韵味。

在她眼中，拾破烂是一件很有诗意的事情，并且有着一个颇为诗意的名字——拾荒。化身拾荒少女，投身这世界上最妩媚的花园，这是属于小女孩的美丽梦想。

2 遗落在尘埃里的多彩世界

三毛说："我捡过许多奇奇怪怪的东西回家。"

只要喜欢，就添了乐趣。她是一个拾荒者，总能慧眼识珠，发现遗落在尘埃里的多彩世界。

或许，有时候你也会对脚边的某样东西爱不释手，这样东西可能是一块花布、一颗弹珠、一支玫瑰，抑或一个脏兮兮的棉布玩偶。当然，这样东西是什么并不重要，重要的是你将它捡回了家，视若珍宝。

或许，有时候你也会想象关于它的故事，或许它是别人不小心遗失的，抑或厌倦后丢弃的，但这都与你无关。从你捡到它的那一刻，它就是属于你的，所以你满心欢喜，而物亦有情，被小心翼翼捧在手心的它，想必也是满心欢喜的。

有人说，每一件物什上都有一个故事。是的，拾荒，拾的是旁人的喜怒哀伤，自己的欣喜想象。收集别人的悲喜，拾起自己的感动，这样知性的探险，难道不是别具风情？

关于拾荒，三毛最早萌芽于3岁。那时，仍在大陆的小小孩童有着很多古灵精怪的想法，她喜欢从地上捡些滚铁环形状的弧形树枝，用作游戏的道具，并且，她还给它取了个有趣的名字“点人机”。也正是这个简单的游戏道具，让一群小伙伴玩得不亦乐乎。

就这样，拾荒慢慢走入她的生活，成为她非常喜欢的游戏项目。三毛走路喜欢东张西望，尤其是在放学的路上。放学了，她总是一个人回家，却并不觉得寂寞，因为校门口那条磕磕绊绊的马路上，总有说不出的宝藏可以捡来赏玩。

那些宝藏有时是一颗弹珠，有时是一颗狗牙齿，有时是一枚大别针，有时是一个美丽的空香水瓶，可以说是五花八门、五光十色。另外，三毛还捡到过一角钱，这是她最开心的时刻，不是因为贪财，而是因为这样就可以去租书店租下一本好书，也可以与姐姐换一段津津有味的故事。

拾荒的日子，在三毛眼里，这就是最美的日子，这成了她一生都戒不掉的闲情雅趣。另外，伴随着审美水平的提高，她对“破烂”的选择也颇具心得，很多时候，她只要闲闲一瞥，就能辨别出哪些可取，哪些不必理睬。

少女时代的三毛痴迷一切木制的东西。在她13岁那年，家中女工所坐的木墩吸引了她，她觉得这木头木脑的坐墩像极了复活岛上美丽绝伦的石像，是一件不可多得的艺术品，被女工坐在屁股底下简直暴殄天物。于是，她用一块空心砖换来这件绝世珍宝，在自己的卧室小心翼翼地供奉起来，搞得女工很是莫名其妙。

还有一次，三毛在大街上看到几个人在锯树，觉得新奇的她就停下来围观。大树锯下后，便被来人装车拉走了，只余下凌乱的枝叶散落一地，而其中较大的一个枯枝，成功吸引了三毛的视线。

她走到近处，绕着枯枝细细打量，结果越瞅越喜欢，越瞅越投缘。于是，在众目睽睽之下，她拼尽全力，将这捡来的“艺术品”摇摇晃晃地拖回了家。

因为拾荒精神，她的房间很快就堆满了各种奇奇怪怪的东西，这些都是她心爱的“宝贝”。看着女儿满满当当的房间，陈嗣庆很是无奈，只得隐晦地开导说，为了社会经济的繁荣，我们要消费，不能像外婆那样，一块碎布也要珍藏几十年。

只是，这样的言语并不能停止三毛的拾荒游戏，每每在街上看到尚可利用的东西，她又忍不住去捡。三毛如是说：“捡回来洗洗刷刷，看它们在我的手底下复活，那真是太快乐的游戏。”

见她如此痴迷，父亲终究不忍强行夺去女儿的这份乐趣，只得作罢，一切都由她去。于是乎，三毛继续做着最幸福、最自由的拾荒者，一直到远赴西班牙留学。

她说，垃圾虽是一样的垃圾，可是因为面对它的人在经验和艺术的修养上不同，它也会有不同的反应和回报。或许，在她看来，垃圾就是世界上最妩媚的东西，承载着少女所有的幻想和灵性。

留学海外时，空荡荡的房间让她失去了心灵上的归属感，也失去了探寻宝藏的好心情，直到毕业后，她与三个单身女生同住一个公寓，那些美丽的时光重回心间，她才开始重温拾荒旧梦。

只是，居于城里，马德里并没有什么地方可拾荒，于是她便把同住朋友们丢弃的旧衣服、毛线、杂志等小玩意儿收拢了，然后在闲来无事时一一改装。这个极具艺术天分的女孩，总能化腐朽为神奇，于是，品位独特的围裙、布娃娃、比基尼就此诞生。

当然，三毛是很享受这个过程的。后来，她如是说："看见自己变出了如此美丽的魔术，拾荒的旧梦又一度清晰的浮到眼前来，那等于发现了一个还没有完全枯萎的生命，那份心情是十分感动自己的。"

一颗美丽的魔法心，这是三毛一生的财富。神奇魔法，磁力无穷，它真正大放异彩还是在撒哈拉沙漠。整整两年时间，她利用大漠镇外垃圾堆里翻捡出的成绩，布置出了一个世界上最美丽的家。

荷西并不是一个有钱人，租不起高级职员的白色公寓，他们把家安在了沙哈拉威人聚居区，房子对面是一片大垃圾场。但是，这样不幸的风景，却被三毛看成真主安拉的恩赐。"拾荒人眼底的垃圾场是一块世界上最美丽的花园"，三毛如是说。

旧家具、旧衣物、电视、收音机、木箱、花草、书籍、建筑材料……在这片花园里，丢弃着分也分不完的好东西，让三毛目不暇接。一有空，她就会踱进来，细细寻找心仪的宝藏。

在这里，她捡到过一块腐烂的羊皮，回到家煮煮洗洗后，便成了一个舒适的坐垫；她还淘到过几个大小不一的瓶子，一番洗洗涮涮后，插上怒放的野地荆棘，便成了颇有诗意的花瓶；另外，最让她陶醉的，是拾到一个报废的汽车轮胎，小心翼翼擦拭干净后，便成了时髦的圆椅垫，坐在上面的三毛，觉得自己成了世上最尊贵的君王。

在拾荒路上，丈夫荷西是她的知己。在大学里，荷西学的是机械，凭借一双专业出身的巧手，他总能将太太淘来的破烂化腐朽为神奇。自行车上的旧零件，经由他摆弄一番，就成了一条绝佳的项链。三毛从棺材店捡来的木板，经过他几个休息日的敲敲打打，就成了一张四四方方的桌子。至于圆椅垫之类的小玩意儿，他做起来更是信手拈来。

荷西是个聪明的丈夫，为了太太，拾荒也成为他独具匠心的浪漫惊喜。结婚的时候，他送给新娘一副完整的骆驼头骨，那是他在烈日下的沙漠，走了很远的路，苦苦寻来的宝藏。

三毛收到这个礼物很是高兴，其欢喜程度不亚于收到一顶凤冠。荷西是一个懂得如何讨太太欢心，并且愿意花费心思讨太太欢心的男人，他给了三毛想要的幸福。

三毛说，当她老了的时候，一定要做一本书，记录自己从童年时代直到老年所拾的所有宝贝，然后把书包起来，丢进垃圾场，等待另一个三毛，将其当作宝藏喜滋滋地抱回家珍藏。而她，也当真出版了这样一本书——《我的宝贝》。

在书中，她详细介绍了自己的收藏品，并附上精美照片，将每个收藏品背后的故事娓娓道来。别针、项链、十字架、手镯等首饰，碗、盘子、茶壶、酒袋、五更灯等日用品，彩布、刺绣、挂毯、衣裙等纺织品……她的藏品众多，可谓五花八门，洋洋大观。

对于这些藏品，她很有感情地说：“我深深地爱着它们。也许，这份爱来自美的欣赏，又也许，它们来自世界各地不同的国家，更可能，因为这一些与那一些我所谓的收藏，丰富了家居的悦目与舒适。”

是的，她深深爱着它们，爱着作为拾荒者的简单快乐。拾荒与收藏，是三毛多彩生活的绚烂彩虹。

3 匪兵甲的温暖守候

有人说，人在3岁时就会萌生性别意识，至那时起，无论男孩还是女孩，都会在有意无意间，将目光投向彼此，关注对方的兴趣爱好和内心世界，尤其是女孩子，这样的意识可能会来得更早、更真实。

三毛就是这样早熟的女孩子，她单纯细腻，情感也来得直接而强烈。懵懂岁月，情窦初开，每一种爱的诞生，都是积蓄已久的绽放，是隐忍多年的尝试，在她如芽的成长岁月中，最初的情愫暗生，来得深刻而难忘。

那年，三毛11岁，学校照例举办了一场校际同乐会，由全校各班级同学进行歌舞、话剧等文娱节目表演。也正是这个风一般绚烂、雨一样迷乱的年月，三毛的姐姐被推选为一个剧目的女主角。她功课好、人缘好、模样好，一直是学校的风云人物，人送外号“白雪公主”，推选为女主角也是理所当然。

看见姐姐扮演如此重要的角色，三毛的心里有着说不出的羡慕。本来，她就是酷爱演戏的，却因容貌平凡从未得到垂青，尽管如此，她还是每天都跑到排练的大礼堂，一脸羡慕地看姐姐排练。

当时，大礼堂有两场话剧排练，一场是姐姐主演的“吴凤传”，一场是“牛伯伯打游击”。三毛在台下看了几天热闹后，指导打游击的老师突然觉得牛伯伯打土匪打得太过容易，缺了高潮和激战的戏份，于是便临时改编了剧本，并指着三毛说：“你，吴凤的妹妹，你上来，来演匪兵乙，上——来——呀！”

就这样，三毛获得了一个扮演土匪的角色，这当然不是什么重要角色，却给了她一场难忘的心灵悸动。际遇是一场彻头彻尾的迷梦，让人沉迷其中，久久不愿醒来……

他是匪兵甲，她是匪兵乙，他们端着一样的扫把长枪，一同躲在黑色布幔遮掩下的长板凳上。他们在牛伯伯东张西望地经过布幔时，一同蹦出来大喊：“站住！哪里去？”

一样的角色，一样的对白，他们是一样的，只是甲乙的区别，只是少年和少女的区别。

那个时代的小学校园里，男生和女生隔线明确，不能交谈，不能一起上课，如果有男生稍稍对女生友爱些，哪怕只是笑一笑，第二天沿途上学去的路上，准定会被人在墙上涂上“某年某班某某爱女生不要脸”之类的话。

因此，三毛觉得，老师能让自己和一个男生藏在布幔后面，是件不可思议的事情，她的心渐渐被神秘而又朦胧的喜悦感填满：

> 始终没有在排演的时候交谈过一句话——他是一个男生。天天一起蹲着，那种神秘而又朦胧的喜悦渐渐充满了我的心。总是默数到第十七个数字，布幔外牛伯伯的步子正好踩到跟前，于是便一起拉开大黑布叫喊着厮杀去了。
>
> 就是那么爱上他的，那个匪兵甲的人。

这是三毛写进书里的故事。爱是一瞬间的怦然心动，她从来都是一个敢爱敢动心的女子。

时隔多年，匪兵甲的容貌已不再清晰，三毛只记得他凸凸凹凹的大光头，那被剃头刀仔仔细细刮得发亮的头颅，总有一圈淡青色的微光时隐时现。

只是，时光模糊了容颜，却模糊不了悸动的心。她记得自己的每一次心跳，这个叫作匪兵甲的光头男孩，昂扬了三毛一整个青春。

话剧演完后，三毛悸动的喜悦并没有消逝。最难控制的是情，最难预测的也是情，多少个夜晚，那颗初开的素心都沉浸在甜蜜的遐想中，她喜欢与匪兵甲静悄悄的二人世界，她愿意坠入彩色的梦境中不复醒来，梦里的世界，是她，和她的小光头。

日子一天天过下去，波澜不惊的，却又心潮起伏。每天朝会的时候，三毛总忍不住轻轻回头，用目光淡淡扫过男生群，而她觉得，这淡淡的一掠，总是会被另外一双淡淡的眼神接住，她固执地相信，那双淡淡然的眼神里另有信息。

但在那个时候，三毛上学经过的墙上被人涂上了“牛伯伯和匪兵乙正在恋爱”的鬼话。更让她难以自处的是，总有捣蛋的男生跑到女生班门口叫嚣，说匪兵乙爱上了牛伯伯。

有一次，有人在田埂小路上嬉皮笑脸地对着她喊：“不要脸，女生——爱——男——生——”

这彻底激怒了情窦初开的三毛，她瞬间红了眼睛，如同受伤的幼兽一般冲了上去，不顾一切地向着一群光头男生扑去。错乱之中，一双几乎是在受着极大苦痛而又惊惶的眼神传递过来，三毛的心，因此尖锐而甜蜜地痛了起来。就这样，她突然收住步子，低下头侧身而过，在“不要脸呀不要脸”的喊声中小跑起来。

奔跑中，她觉得隐隐幸福，因为匪兵甲是懂她的。她这样说道：“他还是了解我的，那个甲，我们不只一次在彩排的时候心里静悄悄的数着一二三四……然后很有默契的大喊着跳出去。他是懂得我的。”

在一个雨后初晴的午后，三毛倚在教室窗口看风景，却突然看到了在操场上扭打成一团的匪兵甲和牛伯伯。当匪兵甲被压在泥巴地上无力地挣扎，当牛伯伯挖了一大块湿泥糊到匪兵甲的鼻子和嘴巴上，三毛觉得浑身紧绷，指甲陷在窗框上，几乎窒息死去。后来，终于忍不住的她，跑进了厕所里，呕吐不止。

自此以后，三毛更加坚定了自己对匪兵甲的爱情。也正是那个时候，她在黑暗的夜里苦苦哀求，默默许下天真而稚嫩的心愿：将来的某一天，她要成为匪兵甲的妻子，成为守护匪兵甲一辈子的匪兵乙。

或许，有人会说，这样的心愿不过是小孩子的游戏，做不得数的。确实如此，但在那个当下，三毛是虔诚而认真的，她甚至敢对天起誓，因为此心昭昭可对日月。

这是她的爱情观，也是她的真性情。

后来，三毛小学毕业了。那天，他们在操场唱响毕业的骊歌，许多女生稀里哗啦地又唱又流泪，连女老师们的眼眶也多了淡红色。那天，他们一遍又一遍地向校长、主任、老师弯腰致敬，因为马上就要各奔东西。那天，当司仪一字一句地喊出“毕业典礼结束，礼——成，散——会”，三毛跟着同学冲回教室，她没有回头寻找自己的小光头。

在回家的路上，她没命地奔跑，甩掉想要同行的女生。只是，当她气喘吁吁地奔上每天都要经过的田埂时，并没有发现心中的匪兵甲，除了一闪一闪的水波，那里一无所有。

就这样，她的爱情，随着小学的结束，无疾而终。

许多年后的小学同学聚会，有人拿出了一本毕业纪念册，她顺着泛黄的薄纸找名单，然后对着一排排光头移动手指，她的匪兵甲带着遥远的记忆，就这样出现在眼前。

这个时候，三毛才知道匪兵甲的名字。经过这么多年的岁月洗练，她还记得他，昔日的小男孩，一直活在她质朴率真的小学时代。

我爱你，与你无关。年少初开的爱情花蕾，是一个人清清浅浅的呼吸，在那个不敢轻易说爱的年纪，爱情成了三毛一个人的心事，花期将至，心意了然。

4 寂静里与风声欢歌

她是三毛，稚嫩又早熟。

11岁那年，三毛的爱美意识就已觉醒，神秘朦胧的爱情悄然走进她的世界。12岁那年，三毛以优异的成绩考入台北省立第一女子中学，这是全台北最好的女子中学。正值青春期，一切美好而感性，这个如花绽放的少女，她的中学时代却多了常人所不曾经受的曲折。

因为对文学的嗜好，三毛从小就是个偏科的孩子，这样的趋势在中学时代更加明显。在女子中学，她国文、英文、地理样样拿手，唯有数学不忍直视，再加上课程难度的不断增加，初一时还勉强过得去的数学成绩，到初二时更是惨不忍睹，几次小考都没有超过50分。

因为早熟，三毛敏感而好强，她害怕数学老师和同学们的嘲弄眼光，更害怕成为受人鄙视的低能儿。为了考出好成绩，聪明如她，终于发现了考出高分的诀窍。

原来，小考题目都是老师从课本后面的习题中选出来的，于是，每到小考前，三毛就会反复背诵课后习题，以期烂熟人心，得心应手。当然，如果数学天赋是她的短板，超强的记忆力就是她的长处，那些毫无头绪的代数题目，她读过几遍就能记下，小考自然不在话下了。

就这样，奇迹出现了，接下来的六次小考，三毛都得了满分，这让她心花怒放，却让数学老师满腹狐疑。很简单，数学老师并不相信这个女孩子能够完成从50分到100分的巨大转变，她一定用了什么见不得人的手段，比如作弊。

数学老师怀疑自己作弊，这对敏感自尊的三毛来说自然是不能容忍的。气恼之下，三毛当众顶撞了老师，她强硬地说："作弊，在我的品格上来说，是不可能的，就算你是老师，也不能这样侮辱我！"

想来，三毛是没有作弊的，没有打小抄，也没有违背考场纪律，只不过是用擅长的记忆力弥补了自己数学逻辑的缺乏。并且，如果有错，那也是因为她不懂得掩饰，不懂得采用故意写错几个答案之类的伎俩，更何况，老师直接在教材上摘录原题又何尝不是错呢?

只是，老师并不认为自己是错的，受到顶撞的她没有善罢甘休，她决定对这个"顽固"的学生进行一场偷袭行动。

一天课间休息，老师将三毛叫到办公室，并从抽屉里拿出一张早已准备好的数学试卷，限她在十分钟内当场做出来。或许是为了给三毛点儿颜色瞧瞧，这个老师故意出了初三年级的题目，三毛自然是不会的，理所当然地吃了鸭蛋，而老师，则露出了果然如此的笑容。

接下来，一场刻骨铭心的羞辱降临，那是三毛一生的梦魇。后来，她回忆道：

> 在全班同学面前，这位数学老师，拿着蘸着饱饱墨汁的毛笔，叫我立正，站在她划的粉笔圈里，笑吟吟恶毒无比地说："你爱吃鸭蛋，老师给你两个大鸭蛋。"在我的脸上，她用墨汁在我眼眶四周涂了两个大圆饼，因为墨汁太多了，它们流下来，顺着我紧紧抿住的嘴唇，渗到嘴巴里去。

花样的年华，这样的羞辱侵蚀了三毛的自尊。在全班惊天动地的哄笑声中，这个倔强的女孩，紧紧握着拳头，指甲渗进肉里也浑然不觉，仿佛这样才能有力量应付这场突如其来的变故。

只是，老师并不懂得女孩的自尊与倔强，或许她并不想懂得。意犹未尽的她，又命令三毛在教学楼的走廊里走一圈。而这时候，三毛早已没了思想，在奇耻大辱之中，她行尸走肉般，一步一步走在挤满学生的走廊。

回到班里，老师早已离去，终于有好心的同学看不过去，偷偷拖了她去洗脸。而倔强的少女，一句话也没有说，一滴眼泪也没有掉，她只是拼命用凉水往脸上冲，想要将耻辱的记忆通通洗掉。

她是敏感的孩子，自卑而孤傲。在老师的刻毒报复下，她如同一头任人宰割的羔羊，心灵被蹂躏到了极点，尽管如此，她却不会将耻辱的伤疤赤裸裸地撩开，因为强烈的自尊心。于是，她三缄其口，不发一言，甚至连父母都不晓得她的苦痛。

但是，若无其事并不代表真的没事。泪水过处，凌辱唯有心惊，每每夜深人静，三毛都躲在被子里偷偷啜泣，那压抑的眼泪，是她无声的控诉。是的，她恨这位数学老师，恨不得想要杀死她，但天亮以后，她就裹上了厚厚的壳，在讥笑的目光里若无其事。

说到底，这时的三毛不过是个孩子，怎能承受得来这样沉重的人生！终于，在第三天，她晕倒了，倔强和自尊，终究抵不过各路嘲弄的眼神。

她开始讨厌学校，于是，逃课就成了家常便饭。为了不让老师发觉，她每旷课两三天，就会去学校坐一天，然后再失踪三五天。但世上没有不透风的墙，在她逃课数月之后，事情就暴露了，校方给她的父母写了一封公函，就这样，她暂时办了休学。

这样也好，至少不用瞒着父母逃课了。三毛的父母是很开明的，对女儿也有着足够的耐心和宽容，这一次，他们也没有说什么责备的话，只是有时候会看着心爱的小女儿，长叹一口气。他们慢慢开导着三毛，试图解开心结，让她重回校园。

第二年，他们不断给女儿加油打气，鼓励她拿出勇气，正视现实。并且，父亲陈嗣庆还为她注了册，送她去上女一中。然而，事与愿违，几天以后，她又开始逃课。或许，在敏感易伤的青春期，有些事情终究不太容易放下。万般无奈下，陈嗣庆再次为她办了休学，而这一休，就是七年。

七年，两千五百多个日日夜夜，回首望去，又不过是弹指一挥间。七年，这是属于三毛的轨外时光，她走走停停，看世间风景，局外之人，做局外之事，想来也是怡然自得。

众所周知，三毛嗜书如命，休学之后更是醉心其中，一发不可收拾。她开始疯狂地买书、读书，每次上街必会转进书店淘上一淘，却从来都不会多瞧一眼商店里颇受女孩子欢迎的小玩意儿。就这样，时间一长，她逛遍了台北市的所有书店，便又央人到香港去买，甚至还拜托亲戚从日本捎来大批的美术画册。

离开校园，她再也不是那个怯怯的女学生，不必将喜欢的书偷偷藏在裙子里，然后趁老师写板书的时候偷偷瞥上几眼。现在，她可以随心所欲，只要她愿意，爱怎么看就怎么看，完全不会有人来干涉她。

她说："书是一种外表非常优雅、非常美丽的东西，装饰房间，是再好不过了。"13岁那年，她拥有了自己的书架，从此便爱上了用书装饰自己的房间。几年时间过去，她小小的书架摆满了各种各样的书籍，氤氲着满屋的书香气息，她欢喜不已。

这段日子，三毛读了很多书，也思考了很多人生。她思维活跃，求知欲望强烈，接受能力也很快，不知不觉便积累了丰富的人生财富。"生命有如渡过一重大海，我们相遇在同一的狭船里，死时，我们同登彼岸，又向不同的世界各取前程。"这是她读泰戈尔的《飞鸟集》所铭记的句子，受过伤的苦痛少女，一直在执着寻找生命的真谛。

她读唐诗宋词，在古典诗词里徜徉，齿留余香；她读《莎士比亚全集》，感受铺面而来的异域风情；她读亚里士多德、黑格尔、伏尔泰，在书中叩问哲学意义……

人海茫茫，红尘滚滚，她依旧是那个爱读书的小女孩，在寂静里与风声欢歌，守住最炙热的初心。

第三章

多年以后·去做毕加索的另外一个女人

1 体会一张画的脉搏

七年，时光搁浅寂寞，三毛的世界依旧生机盎然，因为不离不弃的父母温情。

那段羞耻的记忆，让她苦痛过，颠沛绝望过，甚至让她萌生过结束生命的念头，但是，赋闲在家的日子里，父母用爱的教育悉心浇灌，给予她无尽的勇气和力量。

每天下班回到家，无论多么疲倦辛劳，陈嗣庆都会和三毛对坐，给她讲唐宋诗词、元代杂曲、清代考据。白日依山，黄河入海，三毛在父亲的侃侃而谈中沉醉，好雨时节，润物无声，对这个美好而多情的世界，三毛依旧满怀热忱。

陈嗣庆还特别重视三毛的英语学习，他会在百忙之中抽出时间，为三毛仔细挑选合适的英文版读物。《浮华世界》《小妇人》《小男儿》……一个个简单浅显却趣味横生的故事，每每让三毛看得津津有味，欲罢不能。

另外，母亲缪进兰每次上街的时候，也都会为三毛挑选英文的漫画故事书。《李伯大梦》《无头骑士》《灰姑娘》……这些图文并茂的漫画故事，三毛同样爱不释手。

陈嗣庆是东吴大学的高才生，毕业后还有多年任教经验，教育三毛自是绰绰有余。并且，这对开明的父母非常注重子女的全面发展，为了陶冶孩子们的艺术情操，陈嗣庆还咬牙买下了一架昂贵的钢琴，他每天黄昏都会教他们弹琴，他说："当你们长大的时候，生命必有挫折，那时候，音乐能化解你们的悲伤。"

的确如此，音乐有着治愈心伤的力量，虽然当时三毛并不爱琴，每次学琴都如坐针毡。但几十年后，荷西去世，她孤身孀居大加那利岛时，音乐成了心灵最好的慰藉，每当夜幕降临，她就会对着星光和大海，吹响荷西心爱的曲子，以纪念那些无法忘怀的年月。

休学在家的日子，陈嗣庆夫妇为了让三毛早日走出阴霾，还鼓励她走进美术的瑰丽世界。只是，当时他们并不知道，三毛的心里一直藏着一个美丽到无可附加的梦，那是用画笔编织出来的一生挚爱。

艺术是让人向往的东西。在小学的时候，它便成为三毛内心极为渴慕的信仰。她如是说："无论戏剧、音乐或舞蹈，其实都是爱的。"

只是，现实总是与想象中的热爱大相径庭。当美术老师将方形、圆锥形的石膏放在讲台上，让学生比着画，并且画得像才能拿高分，三毛就觉得乏味无比。对于她这样想象力丰富的孩子，怎么会喜欢如此刻板的画画方式，所以，大多数的情况下，她画得都是不像的。

当时，美术老师有一个惯例，那就是惩罚画得不像的同学打扫。于是乎，在放学后空荡荡的校园，总会有一个小女孩垂头丧气的身影。何为美，何为术，何为美术？三毛不能理解，为什么美术偏要逼人画得一模一样！

后来，三毛如是说："本来，我的想象力是十分丰富的，在美术课上次次被扼杀，才转向作文上去发展了——用文字和故事，写出一张一张画面来。"或许，正是美术老师的刻板无趣，成就了文字世界里让人喜欢的三毛。

三毛爱上美术，是在小学五年级的时候。当时，她喜欢在学校里玩单杠，每天清晨都会早早赶往学校，抢占有限的几根单杠。三毛从小就喜欢寻求刺激的心动，在单杠上，她能够如同蝙蝠睡觉似的倒挂，并且还会大幅度地摇晃，直到流出鼻血才心满意足，对她来说，那是颇有成就感的殷红斑斑。

台湾当局在每年的10月10日都会举行阅兵仪式，每每这时，三毛的学校就会有北上的军队驻扎，以等候场面宏大的年度大检阅。而这，也点亮了枯燥刻板的校园生活，借用三毛的话说，"兵来，我们做小孩的最欢迎，因为平淡的生活里，突然有了不同的颜色加入，学校生活变得活泼而有生趣"。

每年驻兵，学校的氛围就如同过年一样，激荡了孩子们的心，而三毛，喜欢倒挂在单杠上，肆无忌惮地观察这些蹲在地上吃馒头、喝稀饭的驻兵们，每当这个时候，她就会觉得校园出奇地安静。

有一次，一个军官走到倒挂的三毛面前，他看到她脸上梅花般绽放的斑驳血迹，很是惊诧不已。而在他的注视下，三毛也盯着他放肆打量，眼里闪烁着明亮的光。

四目相接，军官无奈地笑了，他温柔地说：“小妹妹，你不要再倒挂了，跟我去房间，用毛巾擦一下脸吧！”

就这样，三毛跳下了单杠，跟着他穿过大礼堂，走进一个独立的小房间。在这个小房间里，她看到了一幅与报纸差不多大小的素描画，光影明灭间，她只觉画中的小女孩，焕发着天使般的美感。

盯着这幅画，三毛看了许久，表情痴迷，内心激荡，那颗跳得欢快的心脏，澎湃出一片汪洋。那一刻，她完全忘记了自己身处何地，直到画中小女孩的脸，变成了自己的模样。

“那是一场惊吓，比狗的哀鸣还要吓。是一声轻微低沉的西藏长号角由远处云端中飘过来，飘进了孩子的心。那一刹那，透过一张画，看见了什么叫做美的真谛。”

美因象而生，美直达内心。一瞬间，三毛内心通透，她悟到了令人震撼的真相。

自此以后，每堂下课铃响，她就会快速冲出教室，悄悄站在那个军官的窗前，痴痴凝望这幅画。有时候，她也会拉了自己的同学去偷看，只是三五次后，别的同学就失了兴趣，将其抛诸脑后，唯有三毛，每日都会与这个神秘的小女孩儿，进行七八次人脸约会。

光影变幻，时光流转，在不同的光线下，小女孩的笑脸染上不同的韵味，却又同样定格时间。三毛带着一种安静的心情，痴痴地看着她的笑，如同看到飞扬的自己。对她来说，这是她一个人的天堂，不可比拟的天堂。

阅兵结束后，驻扎的军队走了，那个天使般的女孩也离开了，从此后，三毛再也不曾见过如此明媚的笑脸。但在三毛的心里，女孩从未离开，她一直都在三毛的瑰丽梦境中，从未离开。

“我没有一丝想向他讨画的渴求，那幅最初对美的认知，已经深入我的心灵，谁也拿不去了。”三毛如是说。是了，最让人刻骨铭心的东西，往往都已没了形体，因为早已融入血肉。

就这样，三毛爱上了美术。对于当时的她来说，视觉系的五彩缤纷，远比文字的香气来得亲切、直接，让人着迷。那时，她做得更多的是画家梦，其次才是文学梦。

只是，在初中的美术课上，老师让画的是蜡做的水果。而三毛，总觉得那欠缺真正水果饱透的生命力，虽然她努力想要将蜡化掉，画出心中的水果来，但蜡做的水果始终是蜡做的，终究不会让人生出想要去咬一口的欲望。于是，画家梦，只成了梦而已。

尽管如此，三毛并没有停止对美术的热爱，她只是将自己的一腔热情，转移到了画册上去。

三毛看的第一本画册，是毕加索的巨作，虽然当时只在堂哥那里瞥了几眼，但就是这几眼，让她再也放不下。她激动地呐喊道：“爱！就是这样的，就是我想看到的一种生命。”

后来，三毛看过了毕加索所有的画册，无论是桃红时期，还是蓝调时期，无论是立体画，还是变调画，甚至是后期的陶艺，三毛从中看出了灵魂，看出了内心深处的生命之力。

体会一张画的脉搏，用一片赤诚之心。三毛是真实之人，她活得倔强而任性，正是用这样纯粹的心灵，她爱上了毕加索的图画世界。并且，爱屋及乌，她暗下决心，要做毕加索的另一个女人。

当时，她13岁，而毕加索77岁，已是两鬓斑白的年纪。当时，她迫不及待地想要长到18岁，然后写信告诉毕加索，在遥远的中国，有一个少女深深地爱着他，她想请他好好活着，多等等她。

然而，毕加索并没有等太久。当报纸上刊登出一代巨星画家陨灭世间，三毛的床畔堆满了各种各样的画册，她已经开始画自己的画了。她如是说：

> 这一生，由画册移情到画家身上，只有专情的对待过毕加索。他本人造形也美，而且爱女人，这又令我欣赏。艺术家眼中的美女，是真美女。毕加索画下的女人，个个深刻，是他看穿了她们的骨肉，才有的那种表达。那时候，我觉得自己也美，只有艺术家才懂得一种美。

毕加索死了，三毛并没有流下一滴眼泪，因为艺术不死。触摸一幅画的脉搏，三毛懂得，真正的艺术，延续着画家的生命。

2 涂抹生命的颜色

美术是一场恢宏梦境，斑斓了三毛的艺术想象。其中，美术老师顾福生，是上苍恩赐般的存在，三毛如是说，“顾福生是一个转折点，改变了我的少年时代”。

休学在家，三毛为了学习美术，在美国人办的学校听过课，在插画班学过日本插画，跟着黄君璧先生临摹过山水，还在邵幼轩先生门下学过花鸟画。只是，她学得索然无味，全无热情，她觉得，这些优雅得近乎刻板的绘画课，实在不比学校的课程有趣多少。

当然，因为先生怜惜，这个瘦弱的失学少

女，也画出了许多颇为像样的花鸟画，什么“戏鸭图”“雄鸡花鸟”“富贵牡丹”等。然而，中国画最讲究平心静气、道风仙骨，仍在红尘中的三毛内心滚烫，终究不是很对脾气。

而三毛，就是在这个时候结识顾福生的。

一天，姐姐陈田心的朋友们来家里做客，玩到兴起时，有个叫陈骕的男生高喝一声，说要画一场激烈的战争给大家看，只见话声刚落，他就拿起了画笔，寥寥几下就一气呵成。

陈骕画完后，他的伙伴们都凑了上去，各自评头论足一番。而这一切，都落在了三毛的眼睛里，她很好奇，陈骕笔下的战争场景究竟是什么模样。于是，等他们离开房间后，自闭的少女三毛就蹑手蹑脚地走了过去，将随意丢在地板上的战争图捡了起来。

就这样，一个活泼的画面映入眼帘，也映入了三毛的心。她紧紧盯着这张战争图，难以抑制的声音不断从心底冒出来：“是了，就是他了！”后来，她打听到陈骕画的是油画，师从顾福生，于是乎，她再三央求母亲，让顾福生收她做学生。

看着如此渴求的女儿，母亲缪进兰怎么忍心拒绝。她动用自己的人脉，辗转结识了这位在台湾画坛小有名气的后起之秀，并且，这位后起之秀答应了她的请求，成为三毛新的美术老师。

顾福生是国民党高级将领顾祝同的公子，家世显赫，非同一般，但他没有丝毫纨绔之气。当三毛背着画夹，叩响顾家大门时，她的内心是忐忑的。但是，当门应声而开，一个眉清目秀的青年出现，他温文尔雅，风度翩翩，让三毛稍稍安了心。

顾福生把三毛热情地请进房间，与她亲切交谈。那日，他问了三毛许多话，却只字未提她休学之事，至此，三毛悬着的心终于完全放下。她说，顾福生老师是一位温柔而可能了解她的人。这个敏感的孩子，对于旁人的善意和贴心，内心总是存着如潮的感激。

三毛并没有西洋绘画基础，油画、素描、水粉等都从未接触过，再加上心情紧张，她的第一堂绘画课可以说是惨不忍睹。但她并没有放弃，只是咬紧牙关和自己叫劲儿，然而，有些事真的需要看天分，苦苦练习两个月后，她虽然有长进，但还是看不出有多大前途。

自尊心强的人往往也是自卑的，这个时候，三毛觉得自己一无是处，瞬间被打回原形，她在心底默默呐喊："躲回家去吧！在那把锁的后面，没有人看出我的无能，起码我是安全的。"

顾福生是一个非常和蔼的老师，风趣幽默又耐心十足，但他越是耐心，三毛越是内疚不安。终于，有一天，再也忍不住的她难过地告诉顾福生："我没有绘画天赋，不是这块料，我不能再拖累老师了。"

话音刚落，她迅速低下了头，因为不想让别人看到自己的眼泪，哪怕这个别人是自己最喜欢的老师。但是，听完她的话，顾福生确实微笑了一下，他没有说什么，只是将几本文学杂志递给她，嘱咐她回家后好好读一读。

顾福生给三毛的，是《笔记》杂志合订本，以及几本《现代文学》。三毛抚摸着书皮，将其小心翼翼地放进书包，回到家后，她就迫不及待地拧亮台灯，静静地看了起来，并且，这一看，竟是痴在当下。

存在主义、自然主义、黑色幽默、意识流……杂志中的现代派文学作品，强烈撞击着三毛苦闷的精神世界。这是三毛第一次接触现代派文学，在顾福生的指引下，这个文学天分极高的少女，进入了一个全新的世界，如痴如醉。

她沉浸在现代派文学世界，以至于忘记去上课，当她再到顾福生那里的时候，已是两周过去了。这一次，她一扫过去的所有阴霾，如同小妇人一般滔滔不绝，急切地讲着她的热爱、震惊和感动。她想，她找到了自己的一米阳光，这阳光，烘烤出心灵温暖的诗意。

之后，她就在这样的世界摸索而行。萨特的《厌恶》、卡夫卡的《城堡》、加缪的《异乡人》、芥川龙之介的《河童》，还有爱·伦坡、马尔克斯、福克纳等，徜徉在书海中的三毛，因为作者强烈的情感释放，灵魂为之振奋不已。

当时正是台湾现代派文学方兴未艾之际，三毛也因此读了许多本土的现代派小说，其中第一篇就是陈映真的《我的弟弟康雄》。而更多的时候，她是在看白先勇先生的作品，他是《现代文学》月刊的主编，也是顾福生的好友。

看了很多书，也经历了一些事，这时候，文学创作的欲望之火开始在她的心中熊熊燃烧。以手执笔，书写心声，她埋首书桌前，开始自己写作，将曾经尘封的生活和蒙灰的心灵，完全付诸笔尖。

是的，因为写作，她终于有勇气直面过去，写下自己的难过与心伤，她终于有力量走出过往，走向明媚而充满善意的新世界。她说，有一股蓝色的海风，正鼓动着自己年轻的帆。

一天下课，她将自己写的一篇东西交给了顾福生。对于作者来说，文字就是自己的人生，是如同日记本般私密的存在，然而，她还是鼓起了勇气，将自己迷茫与失落的过去，以及自卑与自尊的情绪，郑重其事地交给了自己最信任的老师。

在她心底，这是一场意义重大的交付，尽管她神色一切如常，但那微微颤抖的双手，还是泄露了内心的忐忑不安。

自然，顾福生并不懂得她心里的情绪波动，收下稿件的他并没有言语，只是随意翻了翻，然后点头致意了一下。然而，顾福生绝对是一个负责任的老师，在一周后的课堂上，他用淡淡的口吻说："稿子看了，写得不错，已经给了白先勇，一个月后，《现代文学》刊出。"

一句话，三毛愣在了原地。良久，她终于开口，声音轻飘在空气中几乎听不清："没有骗我？"

"第一次作品，很难得了，下个月刊出来。"顾福生浅笑开口。

多年以后，当三毛再次回忆起这天的情景，依旧是感慨万千。她如是说："这一句轻描淡写的话如同雷电一般击在我的头上，完全麻木了。我一直看着顾福生，一直看着他，说不出一个字，只是突然想哭出来。"

犹记得，那是1962年的冬天，三毛的处女作《惑》，在《现代文学》杂志上发表。那一年，她不过19岁，台北的冬天并不很冷，她的文学梦在泪光涟涟中实现。

《惑》是一篇三千多字的散文。在三毛还是二毛的时候，她跌倒过，彷徨过，苦痛过，她的人生曾经深陷谷底无法自拔，而这篇作品，奔涌的正是少女对灰暗过去的情感宣泄：

天黑了。我蜷缩在床角，天黑了，天黑了，我不敢开灯，我要藏在黑暗里。是了，我是在逃避，在逃避什么呢？风吹进来，带来了一阵凉意，那个歌声，那个飘渺的歌声，又来了，又来了……我害怕，害怕极了，我跳起来，奔到妈妈的房里，我发疯似的抓著妈妈，“妈妈！告诉我，告诉我，我不是珍妮，我不是珍妮……我不是她……真的，真的……”

直白的倾诉，歇斯底里的宣泄，她用近乎疯呓的独白方式，把一个自闭少女痛苦挣扎的内心描写得真实逼人。又或许，这个自闭的少女就是曾经的自己，她用第一人称的描述，难免要抒发自己的感情。

有人说，《惑》这篇散文整体铺叙不够严谨，辞藻堆积之嫌严重，结尾也有刹不住车的感觉。不可否认，这篇文章中确实存在这些问题，但其中对心理感受的敏感捕捉、对景物的细腻描述，无不展示出三毛的文学天赋。《惑》就是一枚青涩真诚的果实，带给读者湿淋淋的触感，却不失为三毛雨季岁月的经典之作。

她的文章，上了《现代文学》。对别人来说，这或许是一件小事，但对当年的三毛来说，却在无意间种下了一生执着写作的种子。后来，她写了很多美丽的文字，那一篇篇经典故事，涂满了她的文学天空。

用笔尖涂抹生命的颜色，文学是她一个人的秀场。

3 阳光驻留在我的脸上

因为文学，她从自闭中走了出来，只觉阳光明媚，鸟语花香。

只是，她离群太久，孤零如雁，并没有什么深交的朋友，这时候，顾福生再次出现，为她介绍了一大批年轻人，其中还包括他“五月画会”的同道。从此后，她不再形单影只，孤身一人。

心房封闭太久，她掸掸灰尘，大踏步地走了出去。写字，画画，走沙龙，串舞会……她如同脱了缰的野马，玩得不亦乐乎。

这一玩，就是大半年。后来，她觉得自己应该收收心了，便决定去大学学习，恰逢此时，她的朋友陈秀美建议她去台北华冈文化学院做选读生，于是，她给文化学院的张其昀院长写了一封洋洋洒洒的求学信。在信中，她言辞肯肯地叙述了自己的失学和自学经历，并在信尾真切地恳求道：“区区向学之志，请求成全。”

当然，三毛的求学信最终打动了院长先生。不久之后，她收到了回信，让她即刻去学校报到。就这样，她成为文化学院第二届的选读生，正式开始大学生活。

报到那天，三毛带去了一大摞自己发表过的作品和绘画，张其昀院长看了很是高兴，建议她选读艺术或文学专业。出乎意料的是，三毛拒绝了张先生的建议，转而填报哲学系，她说，之所以选择哲学，是因为想知道人活着是为了什么。

其实也不难理解。她曾经自闭在家，面壁七年，苦苦思索生命的意义，如今，她不再自卑，也不再苦痛，却无法停止对人生的探究。倔强如她，依旧在和自己叫劲儿。

如果用形容词描述三毛的大学生活，那就是八个字，平平淡淡，顺顺当当。她写得一手好文章，平均成绩在85分左右，她与同学相处融洽，在这群年纪稍小的女同学心中，她就是成熟的大姐姐。平淡日子淡如水，直到她遇到真正的爱情。

在《当我二十岁时》一文中，三毛写下过这样的文字：“在那个年纪里，如果没有爱情，就是考试得了一百分，也会觉得生命交了白卷。”少女怀春的年纪，初恋是最美好单纯的事情，何其幸运，在山色秀丽的华冈，她寻到了自己的白马王子。

三毛的白马王子叫梁光明，是戏剧系二年级的学生，也是学院大名鼎鼎的才子。因为入学前当过兵，他和三毛年纪相仿，并且已经出版过两本集子。

当年，三毛19岁，她怀着崇拜英雄的少女情怀，借来梁光明的集子来看，这一看，就看来了一场刻骨铭心的怦然心动。爱情之潮，漫过堤岸，她毫不设防地坠入情网。

初坠情网的少女，通常是没有什么理性的，三毛亦然。那段时间，她就如同紧跟耶稣的虔诚门徒，不管梁光明走到哪里，她都会跟到哪里。另外，为了引起心上人的注意，她还放弃了自己的课程，经常夹着书去戏剧系旁听。课堂上，她刻意坐在梁光明后排的位置，期待他在回头时发现她，对她微笑，但遗憾的是，她的心上人，从未回过头。

有时候，梁光明会独自去小饭馆吃面，而三毛也会悄然跟进去，假装不经意地坐到靠近他的桌子旁，痴痴凝视在专注吃面的男子。有时候，梁光明会乘坐公共汽车，而远远跟着的三毛，就会紧跑两步，毫不犹豫地跳上车。

当爱情只是单恋的时候，她巧妙化身为梁光明的影子，在他的四周无处不在。只是三毛有时也会感伤，她觉得，如此频繁出现的影子，梁光明没有理由觉察不到，她如是说，“耶稣已经察觉到门徒的存在，但没有理睬门徒”。

单恋的大多数，都是痛苦的。你爱他，因他的一颦一笑或悲或喜，为他的不经意患得患失，但他的一颦一笑，他的不经意，全都与你无关。于是，你痛苦，尽管表面不动声色，内心却早已泪流成河。

还好这一次，三毛的爱情不再只是单恋。

那是三毛用新拿到的稿费请客的日子，她和一帮朋友喝着米酒，唱着歌，好不自在。正闹在兴头上，门吱呀一声被推开了，梁光明就这样闯进了她的主场。

她就这么怔怔地看着他，看着他与别的同学倒酒、碰杯、谈笑风生，连嘴里的米酒都忘记咽下。她觉得，这次他一定会发现她，她是宴会的主人，无论如何他也会向自己举杯道贺。

于是，她昂起头，等待他慢慢走向自己。然而他并没有，自始至终，他只是微笑着和旁人寒暄，一直到离开，甚至都没有和三毛焦灼的眼睛四目相投。

他走了，宴会索然变得无趣起来，三毛的心，五味杂陈，写满深深的挫折感。她拼命地喝着酒，一杯又一杯，关于爱情的苦涩回忆，一幕幕接踵而来……

宴会散了，她独自去空旷的操场散步，想要让微风吹去酒气，吹去心底的苦涩。但是，她突然发现，操场上离她很远的地方，立着一个熟悉的身影，那是即使隔着千山万水，也能一眼认出的她的王子。

这一刻，她的心开始不受控制地狂跳起来，双脚也不由自主地向前走了几步，而梁光明，也在这时看到了她。隔着苍茫的空气，他们两两相望，静静相持，脚下平坦的草坪，温柔得如同一面毯子。

此情此景，这个相信缘分的姑娘，坚信这场邂逅是上苍给她的机会。于是，她鼓足勇气走向他，想要向他倾诉自己的爱慕之情，话到嘴边却归为无言。终于，她抬起右手，轻轻拔出男孩别在衬衫上的钢笔，在他的掌心写下自己家里的电话。

她能感觉到他掌心的温度，这让她握笔的手微微颤抖，生出薄薄的汗意。写完之后，她匆忙交还了钢笔，转身仓皇跑开，她觉得快乐又羞涩，眼泪禁不住簌簌流下。

稳定心绪后，她没有回教室，为了等梁光明的电话，她当即逃回家里。一整个下午，坐在卧室的她，焦灼地等待着，只要电话铃声一响，就急急地冲向客厅。一个，两个，三个……一次次冲进客厅，一次次失望而归，她开始害怕他不会打来。

终于，五点半的时候，电话铃声再次响起，再一次冲进客厅的她终于听到了自己朝思暮想的声音，那个声音约她晚上七点半在台北铁路车站门口见面。

挂上电话后，她赶往车站，奔赴第一次真正的约会。在那里，梁光明笑容清浅，温柔唤她的名："去淡水那里旅行好吗？"

一切恍如梦中。羞涩的少女轻轻点了点头，与少年一同走进了车站，属于两人的美好恋爱，就此开始。

三毛如是说："恋爱并不是小说中形容的空洞和不真实，许多观念的改变、生活的日渐踏实，对文字热烈的爱、对生命的尊重、未来的新信心、自我肯定、自我期许……都来自这份爱情中，由于对方高于我太多的思想而给予的潜移默化。"

最好的爱情，是共同成长，共同进步。在满目秀色的华冈，在属于情侣的天然伊甸园，三毛与梁光明花前月下，情意绵绵，度过了两年如痴如醉的幸福时光。

4 数不清的旅程和无尽的流浪

她是文坛佳人，他是学院才子，他们是天造地设的一对，在青春岁月里相互陪伴。时光如水，转眼就是两年，大学三年级的梁光明即将毕业，他们的爱情，又当何去何从？

三毛提出了结婚。婚姻是爱情最好的归宿，她想要给自己的初恋画上圆满的句号，想要和心爱的恋人共赴婚姻的殿堂。执子之手，与子偕老，她想要相互扶持、共度此生的相濡以沫。她说，为了结婚，她可以立即休学，然后两人一起挣钱，共同生活。

但是，梁光明并没有答应。男人不同于女人，多以事业为重，梁光明也不例外。在他看来，相爱的两个人，结婚并不急于一时半刻，他想要先把事业前途安稳下来。

她想要安定的婚姻，他不是不给，只是现在给不起，他想要稳定的事业，她不是不依，只是更看重承诺。说到底，他们都没有错，错只错在男人和女人的诸多不同，错只错在同样年轻气盛的两个人，不懂得退一步海阔天空。

就这样，相恋以来的最大分歧就此产生，同样的固执，同样的不懂低头，爱情成了最累人的事。

为了让爱人给自己“感情的保证答案”，三毛如同所有在爱情里走到穷途末路的寻常女子，开始逼迫他给自己一个承诺，如果他不能娶她，她就会离开，去西班牙留学。

逼迫使爱情变成一场赌局，而她所有的仰仗，不过是梁光明爱她的分量，赌局的输赢，并不在她的手上。

她将爱情视为唯一，遗憾的是，梁光明并非如此。当然，他并不是不爱三毛，也不是爱得不够深，只是爱情终究无法成为他的全部。

有人说，爱得更深的那一方注定成为感情的弱者。的确如此，三毛成了弱者，那几天，她完全冷静不下来，每天哭哭笑笑，神情恍惚。她反反复复地说：“我不管这事有没有结局，过程就是结局，让我尽情地去，一切后果，都是成长的经历，让我去……”

只是，那时的三毛并不懂得，眼泪是让男人心软的武器，而步步紧逼和歇斯底里，很多时候都只会将恋人推得更远。于是，梁光明望而却步了，但他并不明白，如此相爱的两个人，为何会走到这种地步。

毫无疑问，他是爱她的，真真切切地爱着她。当然，他也不是不想和她携手到老，只是想在最恰当的时刻，给她最美丽的婚礼。然而，她的步步紧逼和歇斯底里，让他累，也让他痛，这样哭哭啼啼蛮不讲理的三毛，还是当年在自己手心写下电话号码的羞涩女子吗？

于是，剧情急转而下。假戏真做的三毛，陆陆续续地办着去西班牙留学的相关事宜。申请、护照、签证……当她拖拖拉拉地将一应手续置办齐全，依旧没有等到梁光明的挽留。

她知道，在这个时候，他的一句“不要走”或者“留下来”，都会让自己抛下一切，义无反顾地回到他的身边。只是，走出校园的爱情难免多了几分现实的考量，面对她的决绝和奋不顾身，梁光明很无奈，也很痛心，却依然无法说出“我们结婚”四个字。

最后，在临别的前一晚，还是三毛忍不住了，她紧紧握着梁光明的手，哽咽地说：“如果你告诉我一个未来的话，机票和护照我都可以放弃。责任由我自己来承担，我向爸爸、妈妈去道歉，只要你告诉我一个未来。”

这样的三毛，梁光明心疼不已，却也无可奈何，他默默擦拭着她泛滥的眼泪，轻柔耐心，生怕弄痛了她。终于，在三毛哀切的目光中，他再也控制不住，将她抱进怀里，流下隐忍的泪。

明日过后，两人将各安天涯，他哽咽道声珍重，就再说不出话来。

这时候，三毛也绝望了,她不明白，为何如此哀切地低三下四，也不能换回有他的未来。

人生啊，并不是相爱就可以。放眼望去，多少爱情败给时间，真正能够白头偕老的神仙眷侣，一定有着契合的灵魂，和相互妥协的价值观。

第二天，梁光明并没有去机场送三毛，或是不忍分离，抑或是怕自己改变主意，热烈相爱的两个人，就此分道扬镳。

失了恋人，失了心，这个20岁刚刚出头的姑娘，就要怀着失恋的巨大痛苦远走他乡，这是一件何其残忍的事情，但她别无选择。在告别的机场，三毛强忍泪水，与亲人一一道别，那化不开的不舍和感伤，将她紧紧笼罩。

站在登机口，她最后一次眺望大厅，那里人声鼎沸，那里有她深爱的父母亲人，却独独少了那抹熟悉的身影。她知道，他不会来了，但依旧控制不住目光的搜寻。

转身登机的刹那，她深深地看了家人一眼，微笑着挥了挥手。那一刻，她没有流泪，因为自己听到了心碎的声音，不，她说那是心死的声音。

一段小小的距离，她走得很慢很慢，却始终不肯再回头。她的母亲缪进兰，看着女儿瘦小而决绝远去的背影，终于哭倒在栏杆上。而她的父亲陈嗣庆，内心亦是一片茫然，他什么都没说，只是长叹口气，将哭泣的夫人揽入怀中。

对于三毛和梁光明的爱情，陈嗣庆夫妇都是苦难选择的见证者。陈嗣庆叹息着说："三毛把人家烂打苦爱，双方都很受折磨，她放弃的原因是：不能缠死对方，而如果再住台湾，情难自禁，还是走吧。"

还是走吧！输了赌局，输了爱情，却不等于输了人生的全部，远方的异国他乡，有数不尽的旅程和流浪，等着她。

我们的三毛2

三毛是个纯真的人，在她的世界里，不能忍受虚假，就是这点求真的个性，使她踏踏实实地活着。也许她的生活、她的遭遇不够完美，但是我们确知：她没有逃避她的命运，她勇敢地面对人生。在我这个做母亲的眼中，她非常平凡，不过是我的孩子而已。

——三毛母亲缪进兰

第四章

缘分天空·你又如何逃开你的心

1 在西班牙重生的东方公主

她离开台湾，只身来到西班牙的首都马德里。陌生的国度，陌生的语言，在这里，她拼命学习西语，做了整整三个月的聋子和哑巴。但是，在写给父母的信笺中，她从不言辛酸，这就是三毛。

远赴他国，她是孤独的浪子，又怎会不辛酸？还好，半年以后，她进入了马德里大学，在著名的哲学系进修两年，那时的她并不知道，这正是自己浪迹天涯的开始。

当时，三毛对台湾岛以外世界的了解，仅限于书本的知识和波澜壮阔的想象，对西班牙亦是如此。西班牙，伟大画家毕加索的故乡，13岁那年，她曾狂热地爱恋这个男人，想要成为他的另一个女人，只是，经过刻骨铭心的初恋后，这样的梦想早已淡如云烟。

那么，为何她还是选择了西班牙呢？据三毛本人回忆，大学三年级的时候，她偶然听到一张西班牙古典吉他唱片，瞬间被那温暖热情的旋律俘虏了心。在她的想象中，那是一片热烈的土地，有着碧绿的田园和小小的白色房子，连空气中都弥漫着葡萄的香甜。

她爱上了这个陌生的国度。于是乎，在她想要逃离爱情的苦难时，“西班牙”三个字自然而然地跳进她的脑海。是的，她要逃到那里去，那里阳光普照、鸟语花香，那里牧歌恬淡、世外桃源，她要在那里，治愈在爱情里受的伤、流的泪。

很显然，三毛去西班牙的初衷，并不是为了学业。她如是说：“我决定来西班牙，事实上还是一个浪漫的选择而不是一个理智的选择。我一直在想，是不是应该到那里看一次，然后把哲学里的苍白去掉。”

既然如此，她在西班牙的主要收获自然也不是在学业上的。当然，她也很少提及自己在马德里的学习生活，这个浪漫的女子，说得最多的，是西班牙人的情感和生活方式，如何改变了她苍白的人生。

在马德里，她就像一只“无所谓的花蝴蝶”，无拘无束，自由闲荡。有时，她会在大街上游荡，看欧洲风的建筑和眉目传情的西班牙男女，有时，她会静坐咖啡馆，在轻柔的音乐中轻轻打着拍子，有时，她也会与朋友去夜场跳舞，抑或去酒吧喝酒。她就是这样的女子，既喜欢一个人的自在，也喜欢一群人的热闹。

有一次，三毛在电视屏幕上看到西班牙人狂欢舞蹈、传送酒袋的热闹场面，觉得大为过瘾。她如是说："我深爱西班牙民族那份疯狂和亲热，人与人的关系，只看那一只只你也喝、我也喝的酒袋，就是最好的说明。"

关上电视，三毛的脑海里依旧回荡酒袋的画面，她坐不住了，非要拥有一只这样的酒袋才可以。于是，她揣上准备用来拔牙的十美元，忍着牙痛坐火车到赛格维亚，喜滋滋地捧回了一只黑酒袋。

当然，酒袋是治不了牙痛的，身无分文的她只得硬着头皮去了诊所。幸运的是，牙医对这位深爱酒袋的东方姑娘动了恻隐之心，免费给她打了一针麻药。

三毛是真性情的女子，可爱、可亲、可敬。她大方得体，性情温顺，但这并不代表她没有脾气，重生后的三毛，再不是任别人欺负的柔弱小女生。

临出国前，她的父母语重心长地告诉她"吃亏是福"。初到西班牙，她牢记着这样的教诲，对同住的每个人都温顺有加，每天都像勤杂丫头似的忙来忙去，什么开窗、扫地、擦桌子、换花瓶水、整理衣柜等，全都是她一人包揽，有时她甚至还会主动帮别人铺床。

她为人和善，室友借她的衣服穿、涂她的指甲油等，她都有求必应。只是，时间一久，别人就把她的好当成了理所当然，开始有人将她的东西据为己有不归还，也有人得寸进尺，像使唤丫环一样使唤她，这时候，三毛开始怀疑，吃亏真的是福吗？

一个冬日的夜晚，她们宿舍的女孩子挤在三毛的床上，偷喝望弥撒的甜酒。不料，这时院长突然闯了进来，使偷喝禁酒的女孩子们惊慌失措。只是，不知有人恶意告状还是如何，闯进来的院长二话不说，劈头就骂三毛，说是她引诱大伙儿干的，并且，他还厉声质问她，为何在宿舍偷卖避孕药。

三毛最不能容忍的，就是诬陷。霎时间，她的火气蹿了起来，只见她飞速地跑出房间，抄起扫帚又冲了回去，朝着人群就是一顿猛劈猛打。当时，她简直是疯了，扫帚如雨点般，打得女孩子们尖声乱跑，她甚至还举起花瓶向院长身上扔去，活脱脱就是现实版的孙二娘。

是的，忍无可忍，就无须再忍，三毛再不是那个默默忍受侮辱的苍白少女。在国外，她是骄傲的东方公主，是为自己而活的自由人类。

她是典型的东方美女，黄色的皮肤，放肆明亮的黑色眼睛，还有编成麻花辫的浓密黑发。固然，她的五官并不十分精致美丽，但那股张扬的气场，让无数人为她着迷。每个皓月当空的晚上，总有西班牙男生吉他弹唱，指名献给她，这位叫作Echo的中国姑娘。

曾经，她为爱情撞得头破血流，如今，爱情于她变得唾手可得。在西班牙，她有少年荷西的一片痴情，也有日本男生的狂献殷勤，更有德国男人的悉心呵护。人生就是这样神奇，她破茧成蝶，浴火重生，成为最受人青睐的迷人主角。

那个对她狂献殷勤的日本男生，是她的同班同学，家境殷实的他，在马德里开了一家最豪华的日本餐厅。为了追求美丽的东方公主，他每天都会虔诚地送去一大束鲜花，因为他，三毛的宿舍每天都满屋芳馨，同住的女孩子们，无不一脸惊羡。

那时的三毛经世不深，心事单纯，并不知道鲜花礼物后面所隐藏的爱慕之心，所以迷迷糊糊地接受了馈赠。当日本同学鼓起勇气，向她亮出求婚的底牌时，她总算恍然大悟，天下没有免费的午餐，鲜花诱惑也不是无缘无故的。

当然，这位日本同学的求婚底牌是价值不菲的——一辆崭新的汽车。而三毛，已从迷糊中清醒过来，经过一番认真思考后，她拒绝了他，因为爱情不在于鲜花的芬芳和物质的诱惑，这个走心的女子，终究是更在乎感觉。

这是一片有魔力的土地，让人尽情享受爱情。在这片土地上，她爱过几个人，也被爱过几次，虽然命途一波三折，但她还算幸运，总有人爱她，陪在她的身边，她不寂寞，也不孤独。

渐渐地，她从初恋的阴影中走了出来，断了和梁光明的所有通信。和她最初的想象一样，西班牙治愈了她感情的创伤。

2　马德里的传奇经历

她是东方的公主，在西班牙谱写了一部传奇的留学史。在马德里大学，她的恋爱是传奇，性格是传奇，连一时兴起也是传奇。

初到西班牙，三毛就爱上了旅游。巴黎、慕尼黑、罗马、阿姆斯特丹……她去过很多地方，以行者的姿态，以自己的力量。

她爱旅行，爱看各处迥异的民风民俗，爱与当地人打成一片，其中，更难得的是，她的旅行没有用过家里一分钱。她豪气万丈地说："很简单，吃白面包，喝自来水，够活！"

在马德里，三毛交的最后一任男朋友是德国

人。毕业在即，她决定和男友一起去德国，这个浪漫的东方公主有着非常天真的想法——只要有爱，愿随君天涯。

为了筹集旅费，她找了一份导游的工作。对于一个喜欢旅行的人来说，这样的工作无疑是幸福的。当时，她导游的地区是一个叫作马约卡的海岛，那里风光旖旎，是钢琴诗人肖邦和法国著名作家乔治·桑共同生活过的风情地。而三毛，就像一个地道的本地人，带着一批批远道而来的客人，畅游仙境。

三个月后，她和男友一起飞往西柏林。西柏林也是一座美丽的城市，有着湛蓝的天空和宽阔的街道，还有着勤奋刻苦、严谨认真的德国人。只是，消逝了西班牙人的热情牧歌，这里的生活节奏明显要比马德里快很多，生活情调也死气沉沉很多。

三毛是个浪漫的姑娘，在这样的城市里，她觉得寂寞了很多。

只是，让她一路追随而来的德国男友，是个典型的德国男人，这个男人想要成为外交官。为了实现这个理想，他自律刻苦，连睡觉时都要用录音机播放自己念过的书籍，自然没有时间同女友花前月下，这让寂寞的三毛更加凄苦。

当时，三毛和男友同住一个学生村，但她只有等到男友将台灯移到窗口作为信号，才能过去和他恋爱。其实，所谓的恋爱，不过是一起看书，即便如此，她的德国男友也很少打出邀请信号。

每个寂寞的夜，三毛总会张望又张望，窗外大雪苍茫，窗内的她却一直等不来约会的信号，这位从马德里飞来的“花蝴蝶”，压根没有机会蹁跹在西柏林的雪地上。

一天，因为一场考试，三毛被男友数落了一通。气不过的她，将书包埋进雪里，决定逃课去东德的朋友家过圣诞节。只是，当她去东柏林办理签证的时候，却因所持的是台湾护照而被拒签。

为此，她很是沮丧。正值一筹莫展之际，一位英俊的东德军官如同救世主般出现在她的面前，他温柔地问她遇到什么不顺心的事情，他热情地带着她办理临时签证、拍快照、出关……

出关时，三毛向他道谢离开。这时候，她忽然发现，自己那颗孤零零的内心再次变得柔软，那份久违的心动也回到身边。而她对德国男友的爱情，早已在等待的寂寞中消失殆尽。

办好签证后，她从另一个关卡出去，竟再次看到这位英俊的军官，他竟然默默站在出口处等着她！隆冬的暮色里，三毛与他静静相望，只觉周遭的喧哗潮水般退去。

他把她送到了车站。他们比肩而立，没有言语，仿佛这是最自然默契的事情。一辆辆列车呼啸而来，又呼啸而去，而三毛始终没有上车，直到最后一班列车驶来，军官才强行将她推上了车。

自此以后，三毛再没有见过这个军官，但他留在了她的记忆里。短短几个小时的静默无言，已在她的心中撞击出最美丽的永恒。

后来，三毛的德国男友实现了自己的外交官理想，成功进入德国外交部任职。他愉快地拉着三毛的手，带她去百货公司购物，逛到家居区的时候，他低声问她：可以买一条双人床单吗？

这一次，三毛毫不犹豫地摇了摇头。她已经不爱这个男人了，自然不会将就。这就是三毛，爱时真切，不爱亦坦然，这位在西班牙重生的东方公主，有着独特的气场，爱或不爱，皆泾渭分明。

传奇三毛，在马德里谱写传奇人生。当然，其中最传奇的一环，当属荷西的爱恋。

荷西是马德里的一个男孩子，名叫Jose Maria Quero，三毛将其译为荷西·马利安·葛罗。18岁那年，他偶然遇见22岁的东方公主三毛，当即认定她会是自己今生的妻，即使她离，他也不弃。

那是三毛在西班牙的第一个圣诞节，初到马德里的她在一位中国朋友家里过节。午夜12点，圣诞夜的钟声敲响，左邻右舍、楼上楼下的邻居们纷纷走出家门，互道一声平安。正当三毛与邻居朋友们互祝干杯的时候，一个男孩子从楼上跑了下来，他就是荷西。

第一眼看到荷西，三毛的心脏就如同触电一般，她心想："世界上怎么会有这么英俊的男孩子？如果有一天可以作为他的妻子，在虚荣心上，也该是一种满足了。"

当然，这不过是想想而已。三毛并不是肤浅的女子，自然不会因为外表上的虚荣心，对一个小自己4岁的男孩子产生非分之想。荷西却真的对这位浓眉大眼的东方姑娘一见钟情了，并且再也放不下。

从此以后，三毛每次去这位朋友家，都会"偶然"邂逅英俊的大男孩荷西。两人常常一起玩耍，公寓后面的宽敞院落里，见证了他们的欢声笑语。玩棒球、踢足球、打雪仗……他们是快乐的玩伴，三毛并没有察觉到荷西眉眼中的宠溺爱意。

在三毛眼里，荷西是一位可爱的小弟弟，与他一起，自己总能笑得开怀，玩得尽兴。但她不知道，这位小弟弟为她坠入情网，并且越陷越深，不知何时才会有的“偶然”邂逅，已经无法慰藉他炽热的心。

于是，荷西开始逃课，偷偷溜出高中校门，去马德里大学找三毛。那天，荷西站在三毛书院外的大树下等她的时候，三毛正在书院宿舍看书，一个西班牙朋友跑来告诉她：“Echo，楼下你的表弟来找你了。”

三毛很是纳闷，自己并没有什么表弟在西班牙啊。这时，又有女生一脸坏笑地冲她喊：“表弟来啰！表弟来啰！”原来，“表弟”在西班牙语里是带有嘲弄色彩的，不知道这一茬儿的三毛只觉莫名其妙，她想不出什么表弟会来书院找她。

后来，三毛回忆说：“我觉得很奇怪，我并没有表弟，哪来的表弟在西班牙呢？于是我跑到阳台上去看，看到荷西那个孩子，手臂里抱了几本书，手中捏着一顶他戴的法国帽，紧张得好像要捏出水来。”

看到荷西后，三毛急忙下楼，快步走到他的面前。因为几个女生坏笑的调侃，她有些懊恼，随手便推了他一把：“你怎么来了？”

荷西局促地笑了一下，并没有答话。三毛紧接着又问：“你的课不是还没有上完吗？”

“最后两节课不想上了。”荷西答道。

然后，三毛继续穷追不舍：“你来做什么？”

与荷西的对话，三毛完全是一副姐姐教训弟弟的口吻。在她的眼里，荷西只是小孩子，一个让她觉得亲切的孩子。

这时，荷西从口袋里掏出十四块西币，他略带羞涩地说：“我有十四块钱，正好够买两个人的入场券，我们一起去看电影好吗？但是要走路去，因为已经没有车钱了。”

一个大男孩，跋山涉水向她而来，不惜逃掉两节课，只为和她看一场电影，三毛不知自己应该感动，还是应该哭笑不得。无论怎样，三毛并不愿扫他的兴，她带着荷西去了附近的电影院。看完电影后，心满意足的荷西晃晃手臂，蹦蹦跳跳地回家去了。

只是，事情并没有结束。第二天、第三天、第N天……几乎是每一天，他都会逃课过来，默默在树下等着三毛。每一次，三毛都会在“表弟又来啰”的哄笑声中跑到荷西身边，恶狠狠地对他说：“以后不要来了，这样逃课是不行的！”

频繁的逃课和见面，终于让三毛嗅到了不同寻常的气息。老实来讲，三毛的心里也是蛮喜欢他的，只是这份喜欢，少了一份叫作爱情的怦然心动。

而荷西，却彻底沦陷在炽热的爱恋中，他郑重其事地作了决定，要向三毛求婚！

那天，他凝视三毛的眼睛，饱含深情地说：“再等我六年，让我四年念大学，二年服兵役，六年以后我们可以结婚了，我一生的向往就是有一个很小的公寓，里面有一个像你这样的太太，然后我去赚钱养活你，这是我一生最幸福的梦想。”

一栋小小的公寓，操持家务的太太和赚钱养家的丈夫，这是三毛初恋的梦想，那时她有最爱的人和最赤诚的心。如今，梦境纷飞，初恋飘远，她从一位纯情的西班牙男孩这里，听到最诚恳朴素的告白，只觉百感交集，泫然欲泣。

时过境迁，物是人非，她不能因为过去的一场梦，接受一颗真挚的心。她这样对荷西说：

“你才十八岁，我比你大很多，希望你不要再做这个梦了，从今天起，不要再来找我，如果你又站在那个树下的话，我也不会再出来了，因为六年的时间实在太长了，我不知道我会去哪里，我也不会等你六年。你要听我的话，不可以再来缠我，你来缠的话，我是会怕的。”

这段话，三毛说得很慢，却极其认真。荷西听后愣了，良久才开口问道：“这阵子来，我是不是做错了什么？”

三毛摇了摇头：“你没有做错什么，我跟你讲这些话，是因为你实在太好了，我不愿意再跟你交往下去。”

对于这个痴情的大男孩，三毛有太多的不忍心。说完这些话，她觉得心里堵得慌，站起来就往外走，荷西也站了起来，缓缓地，仿佛在思考三毛刚才的话。

两人并肩走着，没有言语，静悄悄的四周只余窸窸窣窣的脚步声和大口的喘息声。当他们走到马德里皇宫公园的一处斜坡时，三毛停了下来，她对荷西说：“我站在这里看你走，这是最后一次看你，你永远不要回来了。”

一瞬间，荷西红了眼眶，神色写满悲伤。许久后，他终于开口，说要看着三毛离开。对此，三毛摆着手说：“不！不！不！我站在这里看你走，而且你要听我的话呦，永远不可以再回来了。你也不要来缠我，从现在开始，我要跟我班上的男同学出去，不能再跟你出去了。”

绝情的话最伤人，最能打碎拙劣却真挚的心。荷西深深地看着三毛，仿佛要看透她的内心：

“好吧！我不会再来缠你，你也不要把我当作一个小孩子，因为我们这几个星期来的交往，你始终把我当作一个孩子，你说‘你不要再来缠我了’，我心里也想过，除非你自己愿意，我永远不会来缠你。”

话音刚落，漫天雪花飘落，温柔拂过两人的脸颊、发丝。或许，老天爷就是喜欢应景，合着纷飞的雪花，荷西脸上挂着笑，慢慢奔跑起来，一边奔跑，他还一边挥着法国帽大喊：“Echo再见！Echo再见！”

他走了，一种叫作悲伤的情绪开始在三毛的胸腔翻滚。她站在那里，泪眼蒙眬地看着荷西渐渐消失在苍茫夜色中，她多想喊一声“荷西！你回来吧！”，但她并没有。

如果一切到此为止，他们的故事只能让人无限唏嘘。还好，缘分是件奇妙的事情，他们有六年的时间找回彼此，重新谱写属于两人的传奇。

3 六年，圆一个幸福的梦想

三毛与荷西，一别就是六年。这六年里，三毛经历了很多，也成长了很多，她不再是从前的三毛，荷西也不复当年模样。

六年，说长不长，说短不短，既可以让一个人成长，也可以把一个人的生活搞得面目全非。

与荷西分开的六年里，三毛交过不少男朋友。爱情总是不温不火地来，又不温不火地走，她在不温不火的恋爱中，将日子过得不紧不慢，总的来说，她在马德里的求学生活过得还算安逸自在。

转眼两年过去，毕业在即的三毛当机立断，决定陪德国男友去德国继续深造，这个性格不羁的女子，总不缺少为爱奋不顾身的勇气。

只是，在德国的日子并不好过。对此，她是这样形容的："我的课业，重到好似天天被人用鞭子在背后追着打似的紧张。这使我非常的不快乐。时间永远不够用，睡觉吃饭乘车都觉得一个个生字在我后面咻咻地赶。"

当然，付出总有回报，这个完全没有德语基础的中国姑娘，只用了三个月的时间，就拿到德文初级班的结业证书，后来，她一鼓作气，又上了中级班，并在拼了一年后获得歌德语文学院的毕业证书，与此同时，她还取得了德语教师资格。

只是，虽然三毛在德国很拼命，但她并不喜欢压力。西柏林的寒冬禁锢了她的浪漫因子，也消磨掉她对男友的爱，最后，她离开了，只身前往美国。

对于去美国的事，她在美国留学的堂兄是坚决反对的。他认为，三毛并没有什么实质性的谋生技能，几门语言和哲学空谈，在美国并不好活。但是，三毛对他的话并没有多加理会，直接拎着两口皮箱杀到了芝加哥，她要在那里的伊利诺斯大学主修陶瓷。

或许，流浪是一种天分，她来了，只为了领略美国风情。

到美国后，她决定先找一份零工。在西柏林，她体验过十天的打工生活，从中深切体会到赚钱的辛苦，也开始体恤父母的不易，因此，她决定勤工俭学，以减轻父亲的负担，消减自己的愧疚。

只是，初到异国，找工作谈何容易！那段时间，她囊中羞涩，工作也一直没有着落，对此，她感到万分沮丧，每天都唉声叹气地走在校园里。

一天，有位金发碧眼的美国青年吹着愉快的口哨向她走来，他如献至宝般，将一枚碧绿的青草献给这位神情落寞的东方公主，然后，他满脸笑容地说："对，微笑，就这个样子，嗯，快乐些……"

三毛笑了，只觉阴霾全都一扫而光。一个月后，她在伊利诺斯大学法律系图书馆找到了一份图书分类的工作，她略带挑衅地给堂兄去了电话，并给他留言说："堂妹已到，并找到了工作，生活得很好。"

她曾在欧洲闯荡多年，好的坏的都见识不少，但美国还是让她大开眼界。初到芝加哥，三毛并没有住宿舍，而是和两个一年级的女学生合租了一栋木质平房，但她搬来的第一天晚上，便见识了令人瞠目结舌的大场面：

"房内漆黑一片，只见一片鬼影幢幢。或坐或卧。开门的女孩全裸着，身体重要的部分涂着银光粉，在黑暗中一闪一闪的，好也好新鲜……"

一群男男女女，点着印度香，吸着大麻烟，还不时敲着一面小铜锣，这样的阵势，让三毛大开了眼界。第二天清晨，起床后的三毛开门望去，他们夜间的聚会已经完毕，一大群死尸般的男女交抱沉睡，整个客厅就像是被丢弃的战场，惨不忍睹。

三毛的性子里沾染着西班牙的浪漫豪情，但吸毒群交的盛况，她还是看得惊心动魄，一个月后便搬去了小型的学生宿舍。

在美国，还有一个插曲令她印象深刻。那是法学系的一个男生，他主动请三毛喝咖啡，吃"唐纳子"甜饼，还邀请她一起兜风。兜风过后，他将车停在了学校的湖畔边，然后打开音乐，将手臂自然而然地圈向三毛，吓得她一个激灵。

镇定下来后，她关上音乐，打开车窗，表情严肃地说了"NO"，男生没有说什么，只是耸耸肩将她送回宿舍。在三毛下车时，他很有礼貌地问她：“你不介意刚刚喝咖啡的钱我们各自分摊吧？”

对此，三毛觉得很是滑稽。于是，在皎洁的月光下，她也很有礼貌地将咖啡钱甩给他。

美丽的东方公主，马德里的花蝴蝶，她在美国，依旧和浪漫的爱情如影随形。

刚到美国，堂哥怕三毛不适应，便托付自己同在伊利诺斯大学的好朋友就近照顾。他的这位好朋友是化学博士，对三毛的照顾可谓尽心尽责、无微不至。据三毛回忆，每天中午休息时间，堂哥的好同学就会准时送来一个纸口袋，里面放着一块丰富的三明治、一只白水煮蛋、一枚水果。

那时的三毛并不知道，堂哥的好同学已经对她生出爱之情愫，直到有一天，他这样问她：“现在我照顾你，等哪一年你肯开始下厨房煮饭给我和我们的孩子呢？”

一句话，他问得平平静静、不温不火，但三毛听得明明白白、清清楚楚。突然间，她想到了荷西，那个坦率的大男孩，要用六年时间给她一个家，时至今日，他应该不记得了吧。

博士的爱情攻势温文尔雅，但架不住旁边有个坦率猛烈的助攻。三毛的堂哥不止一次打长途过来，历数好友品质如何方正，为人如何诚恳，办事如何踏实，学业如何优秀，最后，他还义正词严地告诉三毛：“要是错过这个好人，堂妹你是要后悔一辈子的。”

听罢堂哥几席话，三毛流下了热泪，然而，她还是不想为博士洗手做羹汤。在三毛的认知里，爱与不爱，不在优不优秀，不在感不感动，只在爱不爱。

终于有一天，三毛告诉博士，自己要离开美国，回台湾去，让他不要再送饭了。告别那天，机场的风很凉，她伸出双手，温柔地帮前来相送的博士理了理大衣领子，但这，只是惜别而已。

她说，每次回国，未走之前已是失眠紧张。五年前，为了躲避爱情的苦难，她远走他乡，迟迟未归；五年后，她终于踏上这片熟稔的土地，浴火重生的她，再不是从前的自己。

爱女自远方归来，陈嗣庆夫妇自是欢天喜地。只是，在他们膝下长到20岁的女儿，国语已说不利索。一次，三毛看到厨房里有一只蟑螂，大声叫道："有一只虫在地上走路！"她的父母听了，满头黑线地纠正她说："那叫爬。"

在台北家中的第一个清晨，她自睡梦中醒来，不自觉地用西班牙语问母亲："现在几点钟？"她一共问了三遍，看到母亲茫然不懂的样子才恍然大悟，但她突然忘记国语怎么表达，只得打手势做刷牙状。

刷好牙后，转换过来的她才用国语说道："好了！脑筋转出来了，可以讲中文。"对此，父亲陈嗣庆调侃说："那一阵，女儿刷牙很重要，她在转方向，刷好之后一口国语。"

这次归来，三毛大约待了一年光景，其间，技有所长的她当上了德语老师，母校文化学院、政工干校、家专等学校，都留下了她侃侃教学的身影。

另外，她还在网球场上结识了一位德国男人，他45岁，是个睿智温柔的中年人，在台北的一所大学教书。更重要的是，他懂爱情，懂三毛，两人在一起很合得来。

就这样，三毛心甘情愿地将自己的爱情奉献给他。爱情无关年龄，无关国界，只要感觉对了，相爱相知不过是顺其自然。

那天，他在灿烂星空下，轻轻吻了她的手，温柔而真诚地求婚道："我们结婚好吗？"

"好。"这一次，三毛没有犹豫，笑容灿烂如花。

沉醉在浪漫恋情中，幸福的情侣携手准备着结婚事宜。他们专门去重庆南路，细细挑选了薄木片质地的请柬，他们精心设计了内容，把两个人的名字排在一起，一面中文，一面德文。

三毛以为，这次真的是幸福的终点。然而，上苍给她的苦难尚未结束，婚礼前一晚，她的未婚夫心脏病发作，猝死在她的怀里。咫尺即天人永隔，可怜的三毛，还没有成为新娘，就眼睁睁地见证了死亡。

她痛不欲生，她万念俱灰，她想要和心爱的恋人共赴黄泉，于是，她吞下了大量的安眠药。这是三毛第二次自杀，第一次是遭遇羞辱休学在家时，心情抑郁的她选择了割腕，幸运的是，她被抢救过来，也渐渐走出阴霾。而这一次，她同样幸运，上帝终究不忍，不忍她这年轻的灵魂，追随爱人而去。

台北，光怪陆离的城，却给她无尽的痛苦回忆。三毛想，或许自己并不属于这里，她的幸福、欢乐、自由、爱情，不属于这里。既然如此，那就离开吧。她突然无比思念西班牙的闲适生活，那里海天一线，那里有夜莺一样撩人的情歌，那里治愈过她爱情的创伤。

不要问我从哪里来，我的故乡在远方。六年，她在世间兜兜转转，最终还是回归西班牙。六年，物是人已非，她不再是当年的东方公主，那个纯情的西班牙男孩，还在等待吗？

4 大胡子男孩的无悔痴情

三毛说："回到欧洲就像是放逐了一样。"

马德里、柏林、芝加哥、中国台北……多年来，三毛去过很多地方，人生就是一场大梦，每天清晨醒来，她总要花几秒时间去思考自己是谁，身在何处，然后在混沌中恍然大悟——哦！原来是在这儿呵！

熟悉的街景，久违的白桦树，大大的西班牙文招牌，还有美丽的女孩子！是了，她又回到了这里！

坐在露天咖啡座，她晒着秋日的阳光，漫不经心地看着来来往往的行人，忽然觉得在台的那段日子只是一场梦，又或许，现在的自己是在梦中，梦醒时分，就会在台北的家中醒来。

当然，这并不是梦境，她确实身在西班牙。

还是那座城，她在马德里找了一份小学教师的工作，薪水不高，但每周只需教授4个小时的英语，她乐得清闲。闲来无事，她又变成那只“无所谓的花蝴蝶”，无拘无束，自由自在。

当时，她和三个西班牙单身女孩同住一个公寓，每每结伴出游，都是优哉游哉，玩得不亦乐乎。

有时，她会身穿曳地礼服，再披上毛皮大衣，和姐妹们一起，款款步入歌剧院，那自信的笑容、雍容华贵的气质，丝毫看不出只是一个穷小学教书的。

有时，她会在旧城区的小酒吧里，和一群快乐的年轻朋友唱歌、跳舞、喝红酒。马德里的夜，星空瓦蓝，活力的青春，美丽醉人，她的乌黑长发散落，明眸闪亮，笑语盈盈。

这就是三毛的生活，随遇而安，闲适恬静。对此，她这样写道：“看看电影，借邻居的狗散步，跟朋友去学生区唱歌喝葡萄酒，再不然一本惠特曼的西班牙文译本《草叶集》，在床上看到深夜……”

这样的日子不失为美的，只是她尚未见到荷西。

在中国台湾的时候，一位西班牙的朋友给三毛带过荷西的照片和信笺。六年了，荷西早已不是当年青涩的大男孩，在照片中，他是健壮魁梧的西班牙男人，留着大胡子，穿着泳裤，正在蔚蓝海滩上抓鱼。

看着如此英俊的男子汉，三毛的惊讶脱口而出：“这是希腊神话里的海神嘛！”六年韶光已逝，荷西长成了痴情的海神，痴情的海神在信中如此写道：

“过了这么多年，也许你已经忘记了西班牙文，可是我要告诉你一个秘密，在我十八岁那个下雪的晚上，你告诉我，你不再见我了，你知道那个少年伏枕流了一夜的泪，想要自杀？这么多年来，你还记得我吗？我和你约的期限是六年。”

一封信，三毛看得无限感慨。只是，当时的她，已有心爱的未婚夫，无法再接受如此深厚的情感。

命运无从预见，如今，她又是孑然一身，而他，是否痴心依旧？

还好，答案是肯定的。再回首，往事如梦，再回首，他心依旧。

在荷西服兵役的最后一个月里，他的妹妹伊丝帖当起了哥哥的红娘。她千方百计地缠着三毛，请求三毛给哥哥写信，拗不过的三毛只得找理由推托：“我已经不会西班牙文了，怎么办呢？”

于是，聪明的伊丝帖将计就计，表示自己会代写信封，而三毛只要在信纸上填字就好。没有办法，三毛只好用英文写了一行字：“荷西！我回来了，我是Echo，我在××地址。”

就这样，荷西收到了心爱女人的第一封信，拿着信的他，激动得想要哭泣。只是，荷西不会英文，读不懂三毛的详细意思，情急之下，他问遍了整个军营，却没有找到一个能够读懂英文的人，无奈之下，他只得回信说：“不知道你在说些什么，所以不能回信给你。”

另外，他还剪了很多潜水者的漫画，细心地贴在信纸上，然后他用笔勾画了一个漫画小人，并在旁边写道：“这就是我。”

信笺寄出后，荷西一直在焦急地等待三毛的回信，后来，等不及的他又直接把电话打了过去："我23日要回马德里，你等我噢！"

然而，23日当天，三毛忘记了荷西的相约，和同伴到郊区小城闲逛了一天，直到傍晚才回家。到家后，同室的女友告诉她，有个男孩给她打了十几通电话，但她还是没有想到荷西。

正在她纳闷之际，电话铃又响了，这次是她一位要好的女朋友，说是有非常要紧的事要同三毛商量，要她赶紧坐计程车到她家。三毛以为女友出了什么事，便匆匆忙忙地赶了过去。

到了女友家，女友将她神秘兮兮地迎进客厅，并要她闭上眼睛。三毛不知女友在玩什么把戏，只得疑惑地把眼睛闭上，并握紧拳头摆在背后，以防女友在手上放小动物吓她。

就在她心里犯嘀咕的时候，有一个脚步声向她轻轻走来，有一双手臂从背后紧紧拥抱她。三毛吃了一惊，赶紧睁开双眼，然后，她看到了荷西，满脸笑容站在她面前的荷西。

刹那间，三毛愣在了原地。回过神后，她开始兴奋得尖叫，叫嚷着不断撞打他，又忍不住捧起他的脸吻他。六年未见，一朝相逢，她的惊喜表现得一览无余。

这天晚上，荷西身穿枣红色的套头毛衣，而三毛，恰巧穿了一条曳地长裙，当他揽着她绕圈，只见长裙纷飞，飘逸如纱，美得宛如身在童话——王子与公主的童话。

三毛如是说："在我说要与荷西永别的第六年，命运又将我带回到了他的身旁。"

是的，或许这就是命运。三毛终于明白，隔着六年记忆，再见到他的自己，原来如此激动。

六年前，他是捏着法国帽，在树下笑得羞涩的少年；六年后，他束起络腮胡，长成了爱潜水的健壮大汉。时光带走稚嫩，却没有带走忠贞的爱情，他爱她，一如从前。

这样的荷西，三毛熟稔又陌生。岁月让人成长，荷西改变的，不仅是容颜，还有内心，他有了自己的生活见地，他会逗三毛笑，会在她苦恼时说些有哲理的话。

当时，三毛正在给台湾的《实业世界》写稿，但交稿的期限到时，她写不出了，为稿债深深苦恼。为了帮她排遣心情，荷西在冬日的清晨陪她去公园溜达，正好看见园丁们在高高的树上锯树，于是，荷西指着园丁，说出了一句颇有哲理的话：

“我觉得那些被关在方盒子里办公、对着数字的人，才是天底下最可怜的。如果让我选择，我一定要做那树上的人，不做那在银行上班的人。”

一句话，三毛深受其教，她觉得，那一刻的荷西，像极了古代哲学家庄子。当即，她手舞足蹈地把荷西拖回家，并立即给《实业世界》的编辑部写了一封信：“对不起，不干了。”

她和荷西，依旧如往常一般玩乐。但是，荷西在不经意间流露出来的成熟让她明白，他已经长成一个可以依靠的男人，还是一个爱了自己六年的男人。

一天下午，荷西邀请三毛去家里做客。这是三毛第一次进荷西的房间，她觉得，在金黄色的夕阳里，整个房间有着说不出的温柔情调。

接着，她看到了一面墙，墙上贴满了自己发黄的放大了的黑白照片。透过百叶窗的道道光纹，三毛的目光停留在一张张照片上，她看了很久，也沉默了很久，终于，她开口问他：“我从来没有寄照片给你，这些照片是哪里来的？”

荷西回答说：“在徐伯伯的家里，你常常寄照片来，他们看过了就把它摆在纸盒里，我去他们家玩的时候，就把他们的照片偷来，拿到相馆去做底片放大，然后再把原来的照片偷偷地放回盒子里。”

一张张照片，贯穿六年时光。她长发的样子，短发的样子，她在德国的照片，在美国的照片，在中国台湾的照片，长久以来，他一直默默关注着她的生活，原来她一直是他人生的主旋律。

三毛走近一步，继续问他：“你们家里的人出出进进怎么说？”

荷西道：“他们就说我发神经了，那个人已经不见了，还贴着她的照片发痴。”

情到深处人孤独。何其荣幸，竟然有这样一个人，待她如此。

回转身来，三毛面向荷西，问出心底最深的感动：“你是不是还想结婚？”

荷西呆住了，如同雕像一般，忘了言语。

逆着时光的洪流，三毛突然看见了那个青涩的少年，这让她忍不住哭了出来：“你不是说六年吗？我现在站在你的面前了。”

接着，她想到了荷西不曾参与的六年。六年，恍然如梦，她眼睁睁看着未婚夫死在自己怀中，在止不住的心痛和撕心裂肺中，被伤得体无完肤。

这样的自己还能拥有爱情么？她说：“还是不要好了，不要了。”

“你那时为什么不要我？如果那时候你坚持要我的话，我还是一个好好的人，今天回来，心已经碎了。”在荷西面前，她成了不能自持的孩子，无力地宣泄着满腹的委屈。

这样的三毛，让荷西心疼不已。他说：“碎的心，可以用胶水把它粘起来。”

然后，他用温暖的掌心覆上三毛的指尖，把她牵向自己的胸口：“这边还有一颗，是黄金做的，把你那颗拿过来，我们交换一下吧！”

对三毛来说，这应该是世上最美丽的情话吧。就这样，三毛和荷西，换了心，七个月后，他们走向了婚礼的殿堂。

第五章

与梦同行·在撒哈拉收集浪漫时光

1 难以自拔的沙漠情缘

追梦者常常在路上，正如三毛，只是她前行的路不是为了追逐远方的风景，而是追寻一个精神的归依。终于，在那漫天飞沙的远方，她寻到了她的故乡。

从第一眼在《美国地理杂志》看到撒哈拉，她就已经深深迷恋上了。撒哈拉，世界上最大的沙漠。这个黄金之海位于地中海南部、非洲北部，总共有八百万平方公里。在1975年之前，西部的撒哈拉沙漠，属于西班牙，是西班牙在非洲大陆上的殖民地，被称为西属撒哈拉。

这个充满着浪漫金色的神秘之地，点燃了她内心的向往，引渡着她的灵魂，燃烧起她的渴望。

那一串串静默的图文，仿佛附上了沙漠的灵魂，在三毛的眼中，辉映着一幅幅瑰丽而魔幻的图腾。

她仿佛听见了驼铃清脆的响声，如同沙漠的召唤。金黄的沙砾，在风中起舞，遮掩着一串串神秘的故事……彰显着极致的魅惑。

三毛被迷惑了，心甘情愿地被沙漠俘虏，沉浸在一片神秘的向往中。

她按捺不住心中的向往，满心激动地将那图文痴迷地看了一遍又一遍，无数的画面在脑海中浮想，燃烧成一团热烈的火焰，坚定了她的信念，促发了她的行动。

她是如此迫切地渴望着，与它亲密拥抱，哪怕她迎来的是冷漠的狂傲。

所以，她果断地决定迈出脚步，追寻自己的精彩。正如她的英文名字，Echo，意为极乐鸟。这一生，她都在追寻着生命的最大价值与爱情的终极意义。

三毛将自己的决定欣喜地告诉荷西。

此时的他们，已经确立了恋爱关系，并且感情不断升温，日子过得充实而甜蜜。但三毛的决定，让他们不断浓烈的感情面临了考验。因为这两个相爱的人，有着各自的梦想，三毛的梦想在沙漠，荷西的梦想在海洋。沉静的大海与炽烈的沙漠，两个截然不同的选择。

而且，当时的荷西已经计划好了，打算带着三毛，乘着从朋友那里借来的帆船，航行一整个夏天，前往海神的故乡——爱琴海。

三毛也是喜欢海洋的，但是海洋的吸引却没能敌得过沙漠的魅力。所以，她决绝地做出了自己的选择，前往浩瀚的沙漠。如此一来，荷西就面临着一次重大的人生选择。要么是去完成自己的梦想，要么是跟从三毛去沙漠，守候这段来之不易的爱情。然而，有得必然有舍。

面临选择，他并没有给三毛一句明确的回答。而望着三毛转身的背影，他坚定而温柔的目光已经说明了一切。

事实证明，一个好的爱人，会因为爱而无限地付出和成全。所以，为了成全三毛的沙漠梦想，荷西放弃了自己渴望多年的航海计划。

1973年2月的春天，荷西申请到了一份西属撒哈拉的工作，他早早地启程，到了三毛梦想的地方，打点一切。这样的行动，远远胜过任何深情款款的重诺。

撒哈拉沙漠无比炎热，同荷西所向往的碧波荡漾的海洋相比有着天壤之别。可是，他的心中并不苦涩，反而装满了幸福。因为三毛的快乐，即是他的快乐，所以他安然地接受着一切生活里的苦难，耐心而执着地等待着爱人的到来。

荷西为了三毛放下了自己的理想，三毛很感动，也很心疼。但是，荷西并不希望三毛因为自己的牺牲而感到内疚。他不希望收获怜悯，而是一段真正彼此爱护珍惜的感情。所以，他在书信中表达着这样的情感。他深爱着撒哈拉，这里酷热的天气，这里独特的食物，这里的漫天风沙，这里的一切都让他深深喜欢。

他给她写回信："我想得很清楚，要留住你在我身边，只有跟你结婚，要不然我的心永远不能减去这份痛楚的感觉。我们夏天结婚好吗？”又是一次求婚。其实他很久很久之前，就已经诚挚地向她求过婚了，如今辗转已是几年时光，世事变幻，许多人和事，都成了过眼云烟，而是荷西的一颗真心却从未改变。

有生之年，能够相逢，并且他给了她如此深刻的爱，三毛心中有着无尽的满足。这也让她对那个即将到达的异乡，多了一份安全感。

很快，三毛收拾好了行李，直奔机场，告别了过往悲欢，告别了放肆青春，去奔赴自己的梦想，去寻找前世的归依。

正如三毛所说：“我走了，走到沙漠里头去，也不是去找爱情，我想大概是去寻找一种前世的乡愁吧。”

第二天，她便飞奔机场，奔向了热情的撒哈拉沙漠。穿越天际，跨过云层，三毛终于到达了她梦寐以求的精神乐土。

到达撒哈拉的时候，已经是落日时分，“在原本期待着炎热烈日的心情下，大地化转为一片诗意的苍凉”。黄昏之下的撒哈拉，有着震撼人心的壮美。她难以忘怀那些震撼人心的图景，她难以忘记当时震撼的心境，所以，那些沙漠带给她的震撼之美，她都用文字认真地刻录下来。

“沙漠里，最美的，是那永不绝灭的生命。”

“沙漠是一个永不褪色的梦，风暴过去的时候，一样万里平沙，碧空如洗。它，仍然叫永恒。”

“撒哈拉啊！在你的怀抱里，做过没有鲜花的新娘，在你的穹苍下，返璞归真。”

从三毛的文字中，我们可以窥见沙漠的壮美，亦可以感受她对沙漠的痴迷与敬畏。

当三毛到达时，荷西已经等待很久了，原本干净的一个男人，被沙漠打磨得粗粝了许多。他的嘴唇被风沙吹得干裂，连眼神也装满了疲惫，可是一见到三毛，便立马焕发了重生的色彩，就如同干枯的生命里被注入了一股清泉。

当两人一安顿好，荷西就拉着三毛要去结婚。

三毛说："现在不行，给我三个月的时间，我各处去看看，等我回来了我们再结婚。"当时的三毛正在找机会由沙哈拉威一同游大漠到西非去。

而不管怎样，当三毛到达撒哈拉，这一段爱情童话已经拉开了序幕。他们将携手，接受着漫天黄沙的洗礼，一起在撒哈拉经历一串串丰富的故事，度过此生最珍贵的幸福时光。

2 执手流浪，与骆驼一起曼舞

三毛说："只有在深入大漠里，看日出日落时一群群飞奔野羚羊的美景时，我的心才忘记了现实生活的枯燥和艰苦。"

梦想很美好，现实却不够充盈，沙漠生活的贫瘠和艰辛，三毛初来第一天便深有体会。

高低不平的水泥地，赤裸裸的空心砖墙，光秃秃的灯泡和满是苍蝇的电线，这是她在沙漠的家。站在房子中间，抬头便是四方形的大洞，洞外是鸽灰色的天空，并且，房子左角上面还有个缺口，不断有风灌进来。

举目四望，她看到巴掌大的厨房，那里只有水泥砌的平台和污黄色裂了的水槽，她看到简陋的浴室，小小的抽水马桶，小小的洗脸池，小小的白浴缸，独独少了水箱，水龙头里也没有一滴清水……

这恐怕是三毛见过的最寒碜的房子了，但她不忍辜负荷西的一片心意，她说："很好，我喜欢，真的，我们，慢慢来布置。"

她和荷西携手出门，走路去镇上购置生活必需品。沙地、坟场、汽油站，她不知道自己走了多久，只是，当镇上的悠悠灯光在前方显现时，她在心中暗暗舒了一口气。

他们走进了一家小小的杂货店，买下一个极小的冰箱、一只冷冻鸡、一个煤气炉和一条毯子。其实，没有什么可以挑拣的，在这简陋的杂货店里，冰箱是唯一的，煤气炉长得也都一个样。

付钱的时候，三毛从一直抱着的枕头套里拿出钱来，她对荷西说："我们还没有结婚，我也来付一点。"

荷西本就纳闷她为何一直将枕头套抱在手里，这又见她从中掏出钱来，不觉伸头过去一看，这一看，着实吓了天大的一跳。他一把夺过枕头套抱在胸口，然后掏出自己口袋里的钱付清账款。

出了杂货店，他迫不及待地小声问三毛："你哪里弄来的那么多钱？怎么放在枕头套里也不讲一声。"

三毛回答说："是爸爸给我的，我都带来了。"

一句话，荷西瞬间绷紧了脸。他定定望着三毛的脸，站在风中一言不发。许久后，他艰难开口说："我想——我想，你不可能习惯长住沙漠的，你旅行结束，我就辞工，一起走吧！"

"你来到撒哈拉，是一件表面倔强而内心浪漫的事件，你很快就会厌它。你有那么多钱，你的日子不会肯跟别人一样过。”荷西接着补充道。

诚然，荷西的话是对的。关于撒哈拉，她最初的想法是猎奇探险，而非结婚定居。但是，为了圆满她的梦想，荷西抛下了自己热爱的大海，来到这片黄沙弥漫的风情地，这样的厚情她不肯辜负，也不能辜负，于是她来了，为了结婚定居，而非猎奇探险。

但是，荷西如此赤裸裸的言语，还是激起了三毛心底的倔强。她盯着荷西的眼睛，一字一句地说：“钱不是我的，是父亲的，我不用。”

荷西点点头：“那好，明天早晨我们就存进银行，你——今后就用我赚的薪水过日子，好歹都要过下去。”

就这样，三毛带来的巨款被束之高阁，存入西班牙中央银行的死期账户。插曲到此为止，相视一笑的两个人伸手拦了一辆出租车，回到他们在撒哈拉坟场区的第一个家。

她是聪慧的女子，晓得大漠的广袤魅力，那炎日的炽烈、悲怆的荒凉，是撒哈拉的真实灵魂。当然，她也明了环境的清苦，那粗粝的黄沙、弥漫的风霜，可以毫不留情地割伤皮肤。尽管如此，她那颗浪漫的心，依旧为这方土地着迷，为荷西的痴爱感动。

第二天，他们又去了镇上，先到市政府申请了饮用水，又到商店买床垫、粗草席、扫把、刷子、衣架、锅碗瓢盆、柴米油盐。沙漠的东西贵得惊人，荷西的一沓钞票很快就所剩无几，吓得三毛再不敢继续挑选东西。

从商店出来后，荷西拉着三毛直奔法院，他迫不及待地想让三毛成为自己的新娘。但是，听说他们要办结婚手续，法院里满头银发的老秘书大吃了一惊："要结婚吗？唉，我们还没办过，你们晓得此地沙哈拉威结婚是他们自己的风俗。我来翻翻法律书——"

老秘书一边看书，一边对他们说：

"公证结婚，啊，在这里——这个啊，要出生证明，单身证明，居留证明，法院公告证明……这位小姐的文件要由台湾出，再由中国驻葡公使馆翻译证明，证明完了再转西班牙驻葡领事馆公证，再经西班牙外交部，再转来此地审核，审核完毕我们就公告十五天，然后再送马德里你们过去户籍所在地法院公告……"

三毛是素来不喜欢填表格办手续的，听秘书先生这么一念，只觉得整个头都大了。于是，她轻声对荷西说："你看，手续太多了，那么烦，我们还要结婚吗？"

"要。你现在不要说话嘛！"

当时，荷西正在全神贯注地听秘书先生讲话，哪有时间理会三毛的小抱怨。之后，他还紧张兮兮地问："请问大概多久我们可以结婚？"

"咦，要问你们自己啊！文件齐了就可公告，两个地方公告就得一个月，另外文件寄来寄去嘛——我看三个月可以了。"

荷西一听大为着急，他擦了一下额头上的汗，结结巴巴地说："请您帮忙，不能快些么？我想越快结婚越好，我们不能等——"

听他这样说，老秘书飞快地瞄了一眼三毛的腰部。敏感如她，自然知道他误会了荷西的话，于是她赶快补充说："秘书先生，我快慢都不要紧，有问题的是他。"

此话一出，只觉更加不伦不类，满头黑线的荷西用力扭着三毛的手指，对秘书先生说：“谢谢，谢谢，我们这就去办，再见，再见。”

三个月时间，漫长的等待，在此期间，三毛一边等待结婚，一边在撒哈拉的土地上奔走探秘。

望着黄沙滚滚的大漠景观，她豪气万丈，叫嚷着要横穿整个沙漠，看尽沙漠风情。然而，梦想很丰满，现实却很骨感，无数当地人把她当作疯子，更有退休的军团司令指着地图对她说，这是一个人迹罕至的沙漠，根本没有正常人走的路。

当然，倔强的她并不会如此轻易放弃，她去请教了当地的一位老人，这次她明明白白地知道，要去沙漠的那头，需要两辆吉普车和一个向导，还有大量的汽油、食物、水等，如果没有四十万西币，是不可能实现了。

他们并没有四十万西币，自然无法负担如此远大的梦想，目瞪口呆的三毛，只得打消念头。

既然不能横穿沙漠，随处看看也是好的。很多时候，她都背着相机，流连在各个游牧民族的帐篷间，看多彩奇异的风俗，拍美丽粗糙的照片。有时，她还会跟着卖水车，在方圆几百里的沙漠上奔驰，感受沙漠的风、烈日，以及不期而遇的海市蜃楼。

在撒哈拉，她一路走，一路记着笔记，一路交了不少沙哈拉威朋友。她不会阿拉伯文，与沙哈拉威人的对话说得零零散散，但她还是乐在其中，玩得津津有味，她说自己喜欢走在细沙上的灼热触感。

执手流浪，与骆驼曼舞，这是三毛喜欢的沙漠风情。

3 贫瘠而浪漫的独特婚礼

在沙漠，三毛写有趣的文字，交沙哈拉威朋友，甚至开始学习阿拉伯文，日子过得愉快而有收获。

当然，美丽的日子也有恼人的旋律——申请结婚所需的文件。后来，三毛回忆说：“这件事最烦人，现在回想起来都要发高烧。”

三毛居住的地方是没有门牌的，为了接收文件，她只得在邮局租用了一个信箱，然后每天走一个小时去镇上看信。就这样，她来回跑了三个月，认识了镇子上的大多数人，尤其是邮局和法院的人，因为天天去，都已成为熟识的朋友。

犹记得，那是个火烧的大热天，气喘吁吁的三毛终于听到了喜讯："好，最后马德里公告也结束了，你们可以结婚了。"

"真的？"三毛惊讶地问。她简直不能相信，这场鸡飞狗跳的文件大战已经结束。

"真的，我替你们安排好了日子。"秘书先生笑眯眯地回答。

于是，三毛接着问："什么时候？"

"明天下午六点钟。"

天呐！明天婚礼，新娘竟然今天才得知，这样的安排着实让三毛难以置信："明天？你说明天？"

或许是感受到了她的不太相信和不太开心，秘书老先生也有点生气，好似她是个不知感激的人。他说："荷西当初不是说要快，要快？"

听到这里，三毛再找不到反驳的理由，只得努力挤出一丝笑容，客气地说："是的，谢谢你，明天我们来。"

说罢，她梦游似的走出法院。这时，她正好看到荷西公司的司机开着吉普车经过，便跑过去说："穆罕默德沙里，你去公司吗？替我带口信给荷西，请告诉他，他明天跟我结婚，叫他下班来镇上。"

这样的口信着实让人奇怪，穆罕默德沙里挠挠头说："难道荷西先生今天不知道明天自己要结婚吗？"

一句话，勾起了三毛的火气，她大声地回答道："他不知道，我也不知道。"穆罕默德沙里听了，露出怕怕的样子，然后将车子歪歪扭扭地开走了。

而荷西，当他听到明天结婚的消息，哪还能等到下班，直接飞车赶回了家。他也没想到会这样突然，还未进门便迫不及待地问：“真的是明天？”

“是真的，走，我们去打电报回家。”三毛回答说。

在荷西的电报里，他煽情如同写信：“对不起，临时通知你们，我们事先也不知道明天结婚，请原谅——”

而三毛，却只写了寥寥几字：“明天结婚三毛。”经过如此波折，她知道这几个字是父母最想看到的，这已足够。

电报发完了，荷西牵起她的手，微笑着说：“想带你去看电影，明天你就不是我女朋友了。”

看电影，以志新禧，他们去了镇上唯一的四流影院，看了一场《希腊左巴》。今晚之后，他和她都将告别单身，他不再是她的男友，她也不再是他的女友，她将冠以他姓，成为他的妻。

第二天下午五点半，三毛正在睡午觉，荷西捧着一个大盒子进了门，兴奋地大叫道：“快起来，我有东西送给你。”

听到荷西的声音，三毛立马跳了起来，她顾不得穿鞋子，直接跑过去抢盒子，一边抢还一边念念有词：一定是花！一定是花！

沙漠里哪有花呢？但这件结婚礼物，却比鲜花更让三毛欢喜——

撕开乱七八糟的包装，礼物在她的面前一览无余，竟然是一副完整的骆驼头骨！一瞬间，三毛的眼眸被点亮了，这件礼物简直太完美了，完全送到了她的心坎。她说：“这真是最好的结婚礼物，荷西不愧是我的知音。”

荷西知道，三毛虽爱娇艳的花朵，但对沙漠风情地的宝贝更是情有独钟。于是，他在沙漠里寻寻觅觅，走了很久很远，只为给她世间独一无二的结婚礼物。

在婚礼的现场，荷西身穿深蓝衬衫，大胡子修剪得体，而三毛，则是一件淡蓝细麻布的长裙，头戴一顶别着香菜的草编阔边帽子。是的，他们没有礼服，没有捧花，也没有纯白的婚纱，但这样的装扮，自有一种朴实优雅，他们在无垠大漠间，尽情想象着田园的美丽风光。

为表庄重，法院的人皆是西装革履，显得荷西很是格格不入，倒也别有一番与众不同。

在众人的注视下，他们手挽手走进礼堂，两个紧张的人儿，略显僵硬地坐在自己的位置上，如同木偶般听之任之。

"三毛，你愿意做荷西的妻子么？"

年轻牧师的声音传来，她知道自己应该回答"是！"，但不晓得怎么了，到了嘴边竟然变成了"好！"。牧师被她逗乐了，回头又问荷西："荷西，你愿意做三毛的丈夫么？"

"是！"荷西的回答庄严而神圣，天知道这一刻他等了多久。

就这样，他们静静地站着，完成生命中最重要的仪式。穿着黑色缎子法衣的年轻牧师也是临时上任第一次主持婚礼，竟然忘了下一步该说什么好，最后干脆直接送上了祝福："好了，你们结婚了，恭喜，恭喜。"

拘束的仪式结束了，三毛整个人立马活泼起来，一边拉下帽子随意地扇起风来，一边与来人亲切握手。这时，突然有人大喊了一声："咦，你们的戒指呢？"

三毛恍然，他们的婚礼竟然忘了交换戒指！她转身去走廊找荷西，丝毫不顾及形象地问他道："喂，戒指带来没有？"

荷西翻出戒指盒，说：“在这里。”然后，他将自己的那个拿出来，往无名指上一套，然后就去追法官了，一边追还一边大叫：“法官，我的户口名簿！我要户口名簿！”

这个傻乎乎的西班牙海神，完全忘记要帮心爱的新娘套上戒指，顺便献上含情脉脉的吻。不过也无所谓了，因为大咧咧的三毛压根就没有放在心上。

这就是三毛与荷西的婚礼，贫瘠、滑稽，但独一无二。谁的婚礼不难忘，或许，婚礼本不拘泥形式，只要自己喜欢，怎样都是浪漫。

4　享受生命一刹那的喜悦

婚礼结束，他们穿过沙地，相携回家，一如携手去法院的路上。只是，他们的手上多了一个小小的户口名簿，从此以后，三毛是荷西名副其实的妻子。

到家了，一个精致的大蛋糕在门外静静地等待。他们开门进去，将蛋糕的盒子拿掉，一张写着新婚快乐的纸条落了下来，落款是荷西的许多同事。对此，三毛很是感动，在沙漠里吃新鲜的奶油蛋糕，简直是无与伦比的幸福！

更让她深觉可贵的是，奶油蛋糕上居然还有一对穿着礼服的新人，身披白纱的新娘子眼睛还会俏皮地一开一闭。看着如此可爱的娃娃蛋糕，三毛童心大发，一把将两个娃娃拔起来，还不忘对着荷西大叫：“娃娃是我的。”

荷西望着自己的新娘，满脸宠溺地笑着：“本来就是你的嘛！我难道还抢这个。”说完，他体贴地帮三毛切了蛋糕，并正式给她戴上戒指，套住她的一生一世。

他们结婚了，幸福满溢。婚后，荷西的公司给涨了薪水，减了税，还补助了两万块的家具费以及每月六千五的房租津贴。更重要的是，他们给了荷西半个月的婚嫁，再加上有好友主动代班，荷西有整整一个月的时间，可以与新娘子腻在一起。

荷西说：“第一件事，就是带你去看磷矿。”

磷矿就是荷西工作的地方。他们坐着公司的吉普车，从爆矿的矿场一路跟着传输带，直到磷矿出口装船的海上长堤，足足走了一百多里。一路上，三毛目不转睛地望着车窗外的壮观场景，觉得自己身在詹姆斯·邦德的电影。她感叹道：“天啊！这是詹姆斯·邦德的电影啊！你是007，我是电影里那个东方坏女子——”

荷西颇为自豪地说：“壮观吧！”

三毛没有答话，只是又问他说：“这个伟大工程是谁承建的？”

“德国克虏伯公司。”荷西有些气短地回答。

三毛撇撇嘴说：“我看西班牙人就造不出这么了不起的东西来。”

“Echo，你帮帮忙给我闭嘴好不好。”

……

这就是三毛和荷西的相处模式。她心直口快，喜欢捉弄大胡子的丈夫，他无限宠溺，愿意包容孩子气的妻子，这样的组合，有着说不出的和谐。

磷矿参观完毕，他们又深入大漠，开启独特的蜜月之旅。一路向西，他们租了吉普车，请了向导，在这片没有花朵绽放的荒原里走走停停。落日悲怆，沙丘轮转，沙漠的各处风情，有着让人着迷的力量。

三毛如是说："这一次直渡撒哈拉，我们双双坠入它的情网，再也离不开这片没有花朵的荒原了。"

从马克贝斯进入阿尔及利亚，再转回西属撒哈拉，由斯马拉斜进毛里塔尼亚直到新内加边界，再由另外一条路上升到西属沙漠下方的维亚西纳略，最后回到他们的家阿雍沙地。这就是他们的蜜月路线，如此兜兜转转，三毛在荒漠中的故乡，玩得万分尽兴。

她留学欧美，又旅行四方，但最让她眷恋的地方，只有两个，一是两度治愈她爱情创伤的马德里，另一个便是这里，她的前世乡愁撒哈拉沙漠。在沙漠，她的心境如同渺渺晴空、浩浩大海，平静而安详。

旅行归来，荷西的假期只剩下最后一个礼拜，他们开始疯狂布置属于两人的甜蜜却简陋的小窝。

白手成家，这是对他们婚姻的最好诠释。婚礼之上，他们没有亲人，没有神父，没有鲜花，没有婚宴，甚至没有交换戒指，而他们的家，没有床架，没有衣橱，没有雪白的墙壁，甚至没有水和电。

不过还好，因为拥有彼此，他们依旧是富足的。而家，可以慢慢装饰，用三毛拾荒的慧眼，和荷西摧枯拉朽的巧手。

他们开始不辞辛苦地粉刷房屋。那几日，他们不眠不休，日日夜夜工作，只用面包、牛奶和维生素维持体力。但功夫不负有心人，在荷西婚假的最后一天，他们的家全然没有原来的灰败的模样，里里外外皆装饰得洁白明亮。

另外，三毛还搬来许多空心砖，靠着墙垒高铺平，再加上两块木板和厚厚的海绵垫，最后套上彩色条纹布缝制的沙发套，于是，家里便多了美丽而舒适的沙发。

为了让家更美丽，她还将拾荒的慧根发挥得淋漓尽致，家对面的垃圾场，更是成了真主赐给她的阿拉伯宝库。一个旧的汽车轮胎，她填上红布坐垫，就成了鸟巢式沙发；各种汽水瓶，她用油漆和水，涂上印第安人的色彩和图案，就成了独具匠心的工艺品……

洁白的墙壁，彩色的窗帘，木质的桌子上铺着从台湾寄来的中国丝布卷帘，舒适的沙发，素雅的风灯，厚重的书架上摆着一排排从马德里婆婆家搬来的书籍。骆驼头骨、羊皮鼓、羊皮水袋、小烟壶、石像以及各种手工纺织品，都被三毛精心安置在合适的位置，这里简直成了艺术的殿堂，阿拉伯的神迹。

荷西很喜欢这样的家，因为家里有她，有梦想中的温暖和幸福。另外，他的同事们也非常喜欢这里，每个周末都会有单身的人来消磨时光。有一次还偶然来了一位外国记者，他进门就惊讶地嚷起来：“天呀！我们是在撒哈拉吗？天呀！天呀！”

是的，这是三毛和荷西的家，在撒哈拉的风沙中，它有着说不出的氛围和情调。三毛醉了，那颗浪漫的心，再次风花雪月起来。

享受生命一刹那的喜悦，在这块有魔力的地方，苍白的三毛变成了一个有爱、有信、有望的幸福女人。

我们的三毛3

三毛不是美女，一个高挑着身子，披着长发，携了书和笔漫游世界的形象，年轻的坚强而又孤独的三毛对于大陆年轻人的魅力，任何局外人作任何想象来估价都是不过分的。许多年里，到处逢人说三毛，我就是那其中的读者，艺术靠征服而存在，我企羡着三毛这位真正的作家。

——作家贾平凹

第六章

极致浪漫·在浩瀚的沙漠里相依相伴

1 异域里的点滴幸福

沙漠生活并不总是一件浪漫的事，有些苦需要自己承受，有些寂寞也需要自己排解。

初到撒哈拉，面对空荡荡的家，荷西将她温柔抱起，他说："我们的第一个家，我抱你进去，从今以后你是我的太太了。"

这样的时刻，三毛的心底有着难以言说的感动。她和荷西，是一种平淡深远的结合，她并没有非常热烈地爱过这个男人，但和他一起，便是幸福和心安。

三毛说，有人的地方，就有了说不出的生气和趣味。是的，在这样贫瘠落后的沙漠，生命一样欣欣向荣地滋生着，它并不是挣扎着在生存，对于沙漠的居民而言，他们在此地的生老病死，都是如此自然的事情，而她，已然成为其中的一员。

生活和旅行，是完全不同的光景。多多少少，这样的认知让她有些许沮丧："撒哈拉沙漠是这么的美丽，而这儿的生活却是要付出无比的毅力来让自己适应下去啊！"

其中，她需要适应的第一件事是顶着近五十摄氏度的高温买水的经历，那简直就是一场噩梦！

灼人的烈日下，她提着十公斤重的水箱，气喘吁吁，汗流如雨，每走四五步就要停下来喘口气，然后再继续提着走十几步。后来，她写下这样的文字："我汗流如雨，脊椎痛得发抖，面红耳赤，步子也软了，而家，还是远远的一个小黑点，似乎永远不会走到。"

很多时候，家里的煤气用完了，而她并没有力气将空桶拖到镇上去换，只得借邻居的铁皮炭炉子生火做饭，而浓烟，常常呛得她泪流不止。每每这时，她总是庆幸远在台湾的母亲没有千里眼，不然，母亲一定会因为心疼自己而泪湿脸颊。

当然，这样的小事并未让三毛气馁，她乐观地表示："人，多几种生活的经验总是可贵的事。"

是的，让三毛气馁的，从来不是身体的苦难，而是精神的寂寥。

婚前，荷西为了多赚些钱，总是在公司加班。这个时候，独自在家的三毛，没有书报可看，更没有收音机和电视打发时间，她只能坐在席子上，听窗外吹过的如泣如诉的风声。夜来了，灰黑的墙变得冰凉阴寒，瑟瑟发抖的她，点上白蜡烛，寂寥地看它泪流两行。

有时候，荷西需要赶夜间交通车去公司加班，而三毛，一听到咔嚓的关门声，就会没有理性地流下泪来。她胡乱抹一把眼泪，冲到天台上去看，如果还能看见荷西的身影，她就会冲出去追他。

她跑得气喘吁吁，然后可怜巴巴地站在荷西面前哀求道："你留下来行不行？求求你，今天又没有电，我很寂寞。"

看她这样，荷西总是很难过，却又无可奈何："三毛，明天我代人的早班，六点就要在了，留下来，清早怎么赶得上去那么远？而且我没有早晨的乘车证。"

三毛说："不要多赚了，我们银行有钱，不要拼命工作了。"

"银行的钱，将来请父亲借我们买幢小房子。生活费我多赚给你，忍耐一下，结婚后我就不再加班了。"荷西用力拥抱她，然后非常不舍地将她往家的方向推，而三毛，一边慢跑回去，一边不忘回头，凝视在遥远星空下向她挥手的荷西。

寂寞的手在拉扯心脏，而荷西，是她最信任的依赖，在这片荒漠里，她只有他，只爱他。她说："我们不过是想找个伴，一同走走这条人生的道路。"是的，在这人生旅途中，他是她心灵的寄托，只有看到他，昏暗才会散去。

那一阵，三毛像是一个受伤的野兽，哪怕是一点小小的事情，都会轻易触怒她，甚而软弱地痛哭。然而，她并没有厌烦沙漠，她说自己只是在习惯它的过程里受到了小小的挫折。

她如是说："生命的过程，无论是阳春白雪，青菜豆腐，我都得尝尝是什么滋味，才不枉来走这么一遭啊！"尽管寂寞，尽管会哭泣，这个乐观的姑娘，依旧倔强如初，她正在慢慢习惯大漠的生活。

婚后，因为荷西的朝夕陪伴，她的小日子渐渐充盈起来。他们一起携手旅行，一起装扮属于两人的家，她又浪漫起来，在黄沙编织的情网中，重温儿时的拾荒梦。

在撒哈拉沙漠，沙哈拉威人埋葬死人的方式是用布包来放在沙洞里，再在上面盖上零乱的石块。三毛住在坟场区，不免要从一堆堆石块中穿过，为了不亵渎亡灵，三毛总是小心翼翼地绕着走。

一日，她照例穿梭在一堆堆石块间，却看到一个极老的沙哈拉威男人坐在坟边。于是，她便好奇地过去，走近了才发觉他是在刻石头。

天啊！她发现男人的脚下堆了将近二十个石像，有立体凸出的人脸，有鸟、羚羊、骆驼，有小孩的站姿，甚至还有一个卧姿的裸体妇女，只见她张着双脚，私处连刻着半个新生婴儿的身形……

三毛细细打量每一个栩栩如生的石像，整个人被不期而遇的艺术震惊得要昏过去，她激动地蹲下身来问：“伟大的艺术家啊，你这些东西卖不卖？”

沙哈拉威老人抬头，一脸茫然地看着这个不知从哪里冒出来的陌生女人。三毛以为他不想卖，便随手塞给他一千块钱，胡乱捡了三个雕像就往家跑。这时，老人也反应过来，他嘴里嘟囔着阿拉伯语，蹒跚着追上三毛。

三毛以为老人要抢石像，便紧紧抱着不放手：“是不是不够，我现在手边没有钱了，我再加给你，再加——”

老人没有说话，只是又弯腰捡起两只鸟的石像塞进她的怀里。三毛舒了一口气，千恩万谢地抱着伟大的艺术品回家去了。

沙哈拉威邻居看见她花了一千块钱买回一堆石头，大笑她是个白痴。当然，三毛并没有理睬，这只是文化层次不同所产生的不能相通。第二天，她又拿了两千块钱去那里，但老人并没有出现，烈日下的坟场区空无人迹。

三毛只觉遗憾，又深感幸运，她觉得，这五个石像，就是鬼魂送她的无价之宝。

后来，有记者来家里参观，他支支吾吾地说想要买石像，而三毛，直接拿出一个小鸟的雕像送给了他，并说："不要钱，对懂得欣赏它的人，它是无价的，对不懂得的人，它一文不值。"

异域沙漠，日子也要美起来。因为拾荒梦，她的生活，满是艺术气息。

2 惊心动魄的荒山之夜

有人说，三毛的血液里流着不安分的因子。或许吧，但我更想称之为探险精神，因为探险精神，她和荷西的记忆里，多了惊心动魄的荒山之夜。

结婚不久，荷西为了节省上下班时间，便买了车子。而这，恰恰满足了两人的探险和拾荒。

那天，荷西下班后并没有进家门，而是留在车上按喇叭。于是，三毛放下正在写着玩的毛笔字，跑去窗口问他："为什么不进来？"

荷西回答说："我知道什么地方有化石的小乌龟和贝壳，你要去吗？"

自然是要去的，三毛直接跳起来收拾东西，一边收拾，还不忘向着窗口大喊："等我换衣服，拿些吃的东西，还有毯子。"

女人出门，总是有太多东西要准备，这让男人们很是无奈，荷西也是如此。他挠挠头，无奈地催促道："快点好不好，不要带东西啦！我们两三小时就回来。"

不同的是，三毛是个急性子，一经荷西催促，干脆一秒钟就跑出门来，只穿了一件拖到脚背的连衣裙。不过，出门时她顺手抓了挂在门上的皮酒壶，内有一公升的红酒。

"好了，走吧！"三毛关上车门，满怀高兴地在车垫上跳了一跳。

而这时，荷西正在自言自语："来回两百四十多里，三小时在车上，一小时找化石，回来十点钟正好吃晚饭。"

一路向南，他们沿着公路开了二十多公里，便到了检查站，这是公路的尽头，再往前就只有一望无际的沙漠了。

检查站的哨兵出来，看到是他们，有些惊讶地说："啊，又是你们，这个时候了还出去吗？"

"不远，就在附近三十公里绕圈子，她要仙人掌。"荷西回答。许是心虚，他说完这话直接开车跑掉了。

自从有了车子，天知道这是他们第几次深入大漠，被哨兵记住也不足为奇，但三毛不明白，荷西为什么要说谎骗人。

荷西说："不骗不给出来，你想想看，这个时间了，他给我们去那么远？"

这话不无道理，但女人敏感的天性还是让三毛忍不住担心："万一出事了，你给他的方向和距离都不正确，他们怎么来找我们？"

荷西笃定地答："不会来找的。"

是的，不会来找的。深更半夜，哪有人会愿意为了不相干的人以身涉险?

三毛不再作声，但心里尚有隐隐的不安。

不知不觉，已经六点钟了，徘徊在地平线的太阳泛着霞光，四周依旧明亮得刺眼，但肆虐的晚风，已经刮得有点寒意。沿着别人开过的车轮印子，荷西依旧在满是碎石的沙地上疾驰，死寂的大地如同躺着的巨人，狰狞而凶恶地延伸到视线及不到的远方。

此情此景，一直望着窗外的三毛开始胡言乱语："我在想，总有一天我们会死在这片荒原里。"

"为什么？"

"我们一天到晚跑进来扰乱它，找它的化石，挖它的植物，捉它的羚羊，丢汽水瓶、纸盒子、脏东西，同时用车轮压它的身体。沙漠说它不喜欢，它要我们的命来抵偿，就是这样——呜、呜——"

三毛一边说，还一边做出用手掐人脖子的姿势，逗得荷西哈哈大笑，他最爱听三毛胡说八道。

笑闹间，他们来到了迷宫山。所谓的迷宫山，是一大群高高的沙堆，散布在方圆二三十里的荒地上。这些沙堆由风吹积而成，全都是弧形的，从外表看完全一模一样，甚至连相隔的距离都差不多，车子和人进去，很容易就会迷失方向。

因此，当第一个大沙堆耸立在前，三毛轻轻地问："要进去啊？"

荷西答："是，进去后再往右边开十五里左右就是听说有化石的地方。”

三毛咬咬嘴唇，心里隐隐觉得有些不对劲：“快七点半了，鬼要打墙了。”

这样神经质的话，胆大粗心的荷西当然是不相信的，他说：“迷信，哪里来的鬼。”

就这样，荷西开进了迷宫山，半个小时后又开了出来，迷宫山并没有迷住他。只是，从迷宫山出来后，沙地里就完全没有车印子的痕迹，在这片完全陌生的领域，三毛很没有安全感。

车子又往前开了两三里，他们的面前出现了一片深咖啡红的低地，地面还罩着一层淡灰紫色的雾气。三毛想，几千万年以前，这里一定是一条很宽的河流。

顺着斜坡，荷西将车子慢慢滑下去，然后停车去看地。当时，三毛也跟着下了车，她抓起一把土来看，结果发现它不是沙子，而是湿泥。她想不通怎么会这样，只听荷西对她说：“三毛，你来开车，我在前面跑，我打手势叫停，你就不要再开了。”

说完，荷西就开始往前跑，三毛赶紧上车发动引擎，跟着他保持一段距离。而荷西，他越跑越远，然后转过身来倒退着跑，同时挥动双手，示意三毛前进。

就在这时，三毛忽然发现荷西身后的泥土在冒泡泡，她赶紧刹车并向他大喊：“小心，小心，停——”

三毛打开车门，大叫着向荷西奔去，然而，荷西已经踏进这片泥沼里，湿泥一下就没到了膝盖。荷西吃了一惊，忍不住回头去看，然后又被惯性拖着踉跄了几步，这一下子，湿泥很快没过了大腿，离岸的距离也越来越远。

站在岸边，三毛惊得全身都冻住了。她不相信这是真的，但眼前的景象却做不了假，短短几秒钟，她的丈夫已离她这样远，离死亡那样近！

荷西挣扎了几下，却越陷越深，眼看就要被泥沼吃掉了，这时，三毛看见他右边两公尺的位置好像有一块突出来的石头，赶紧狂叫道："往那边，那边有块石头。"

在三毛的指引下，荷西也看到了石头，他挣扎着要过去，随着他的动作，湿泥也陷得更深了。岸上的三毛急得全身神经都要断了，却无法替他出力。她说，"这好似在一场噩梦里"。

终于，荷西用双手抱住了石头，三毛这才暗暗松了一口气。她马上跑回车里去找可以拉他过来的东西，但是，除了酒壶以外，她只找到了两个空瓶子，以及一些《联合报》。她开始四处疯狂地乱跑，希望在地上捡到绳子或者是木板一类的东西，然而，四周除了沙子和小石子，她一无所获。

大风起，沙石在空中飞扬着。夕阳无限好，只是近黄昏，三毛回望太阳，只觉它像独眼怪人的大红眼睛，再没有欣赏的心情。

寒风阵阵吹过，她看看自己单薄的衣服，再看看泡在稀泥里的荷西，急得掉下了眼泪。太阳就要落山了，几个小时内，这个地方就会冷到零度，如果荷西无法出来，就要活活被冻死了。

正在她胡思乱想之时，荷西对她喊道："三毛，进车里去，去叫人来。"

一句话，三毛的情绪激动起来："我不能离开你。"

她知道，荷西只是为了支开自己。从这里原路返回，开到检查站的时候天一定黑了，天黑是不可能找到迷宫山回到荷西的地方的，那就只能等天亮，而那时，荷西可能已经冻死了，她不能冒这样的风险，哪怕是留在原地与他一起冻死，她也不会弃他而去。

天完全黑了下来，气温也很快降了下去，这是沙漠夜间必然的现象。望着蹲在岸边瑟瑟发抖的妻子，荷西愤怒地叫喊着：“三毛，到车里去，你要冻死了。”

三毛没有动，因为觉得荷西冻得更厉害。每每荷西没有声响时，她就会站起来叫他：“荷西，荷西，要动，转转身体，要勇敢——”

不知过了过久，三毛突然看见地平线上一闪而过的灯光，她赶紧跳起来大叫：“荷西，荷西，有车来。”

她飞快地跑到车里，一边疯了似的按喇叭，一边打开车灯一明一灭地吸引注意，最后干脆直接跳到车顶乱叫乱跳。就这样，车子开了过来，停在三十公尺的位置，三毛赶紧跳下车顶跑了过去。

那是在沙漠跑长途的吉普车，车上坐着三个沙哈拉威男人。三毛上气不接下气地跑到他们面前，满怀希望地恳求道：“帮帮忙。我先生掉在泥沼里了，请帮忙拖他上来。”

沙哈拉威男人并没有理睬她，而是用土话彼此议论着，三毛听懂了其中的一句：“是女人，是女人。”

三毛仍在大口大口地喘气，她再次开口请求：“快点，请帮帮忙，他快冻死了。”

这一次，有人开口回答她：“我们没有绳子。”

三毛愣住了，她分明看到吉普车上绑木箱的粗麻绳，并且，那人的口气，完全拒人于千里之外。但是，三毛不想放弃拯救丈夫的机会，她又试探着建议："你们有缠头巾，三条结在一起够长了。"

这时，她突然感受到了不怀好意的目光，于是改口说："好，不救我也没法勉强，算了。"话音刚落，她预备转身回去，说时迟那时快，有人跳到她的背后，右手抱住她的腰，左手直接袭上胸口。

三毛惊得要昏了过去，本能地挣扎狂叫起来。但是，在男人疯了似的禁锢之下，她的挣扎没有一点用处。

在泥沼里，荷西完全可以看到这边的情形，他哭也似的怒吼着："我杀了你们！"说着，他便放开了石头，预备冲过泥沼解救妻子。而三毛看他如此，急得哭了出来："荷西，不要，不要，求求你！"

荷西的动静惊动了三个沙哈拉威人，他们都将注意力放在了荷西那边，这给了三毛逃走的机会。面对不怀好意的疯子，她用尽全身力气，举脚正中他的下腹，她又抓了两把沙子，向另外两人的眼睛撒去，趁着他们捂脸的几秒钟空当，她踢掉脚上的拖鞋，没命地朝着车子的方向狂奔而去。

三个沙哈拉威人并没有跑步追来，而是上了吉普车，慢慢往三毛的方向靠近。走投无路的三毛跳进车里，用力一踩油门，车子便冲上山坡，开进了迷宫山。

她一面开车，一面将四边车门都上了锁，左手还从坐垫背后摸索出一把弹簧刀。她将油门踩到底，在沙堆里绕来绕去，但无论她怎么乱开，总是避不过吉普车的灯光。

三毛知道，除非自己熄了车灯，否则很难甩掉吉普车。于是，她发狠地踩着油门绕过半片山，然后在吉普车没有跟上的时候熄了灯。她并没有减速，而是牢牢抓着方向盘，往左边一个紧急转弯，回到吉普车后面的沙堆去。

弧形的沙堆在夜间有着大片的阴影，她将车子尽量靠着沙堆停在阴影里。吉普车失去了方向，在前面不停打着转寻找，但他们没有想到三毛会躲起来，绕了几圈又往前面加速追去。

甩掉吉普车后，三毛赶紧掉头往泥沼的方向开去，她的荷西还在那里。然而，当她再回到沼泽边，她并没有看到荷西，也没有发现那块突出来的石头，她像疯子一样沿着岸边狂喊，但是，除了恐怖的回声，她没有听到任何动静。

荷西死了，一定是死了，这样的想法几乎让她崩溃。她踉跄着逃回车子，伏在方向盘上抖得如同风里的一片落叶。

不知过了多久，微弱的呼唤传来："三毛——三毛——"她猛地抬起头来，打开车灯慢慢寻找，这一次，她听清楚了，是荷西在叫她！

原来，惊慌之下，三毛停错了地方，荷西还是在那块石头边。她赶紧对着他大喊道："荷西，撑一下，我马上拉你出来。"

她从车里拖出坐垫用力丢出去，又从车盖子下拖出备胎，踏着车垫将其扔在稀泥里，这样，她离荷西的距离就又近了一些。接着，三毛开始用千斤顶拆下前后胎，全部丢进了稀泥里。然而，就算她分开脚站在最后一个轮胎上，荷西和她还是有着一段距离。

突然间，三毛想到了自己的衣服。她快速跑回车里，用刀把大圆裙割成四条宽布带子，打好结后，她抱着这堆带子跑到离荷西最近的轮胎上去。她说："荷西，喂，我丢过来了，你抓好。"

一下，荷西抓住了绳子，三毛松了口气，直接跌坐在轮胎上哭了起来。哭了几声，她又想起荷西来，赶紧起身去拉他，但人一松懈，气力就不见了，她拉了几下也没见荷西移动。

这时，荷西哑着声音说："三毛，带子绑在车胎上，我自己拉。"

于是，三毛就坐在轮胎上，看荷西一点点拉着带子过来。等他终于上岸的时候，三毛赶紧跑回车内拿酒壶，灌了他好几口酒，在这寒冷的时候，这完全是取暖救命的东西。

为了让荷西赶紧去车里，她只好先丢下他，去泥里捡回车胎装上。折腾完后，她将冻僵了的荷西扶进车里，并把车内的暖气开大。她又给他灌了酒，还将酒浇在胸口不断擦拭。

时间一分一秒过去，荷西的脸上开始有了血色，只是，当他完全清醒过来时，却是一副看见鬼的表情，口中还结结巴巴地说："你，你……"

三毛被他的表情吓坏了，也结结巴巴地问："我，我什么？"

"你——你吃苦了。"荷西一把将她抱进怀里，流下了热泪。

一句话，三毛只觉莫名其妙。原来，荷西看到三毛只穿着内衣裤，还全身都是泥水，以为她被那三个混蛋抓到受了欺负。显然，陷在泥潭中的荷西已是半昏迷状态，压根没有注意三毛有没有穿衣服。

回家的路上，换三毛开车，荷西呻吟似的问她："三毛，还要化石么？"

"要。"三毛的回答简短而干脆。接着，她又问他：

“你呢？”

荷西哈哈一笑：“我更要了。”

生死之间，荒山一夜，他们的历险记惊心动魄、扣人心弦。但是，这对九死一生的恋人，依旧没有放弃自己的寻宝之旅！

3 刻录撒哈拉的故事

青少年时代，写作让三毛走出阴霾。作为写作生涯的开始，她出版了集子《雨季不再来》。然而，雨季还是来了，初恋的伤痛让她仓皇逃离中国台湾，降落在西班牙的土地上，至此她也停了笔。

当时，她的一位编辑朋友觉得可惜，便写信劝她继续写。三毛回信说，“我现在正在改变中，这时候不想写东西，免得将来后悔”。当然，这位编辑朋友并没有强求，只说“好的，我等你”，但她并不知道，这一等就是十年光景。

十年，她已为人妻，成为沙漠城堡的女主人。那日，她坐在宁静的房间，感受恬淡中的安然，就是这时候，往日的文学梦涌上心头，她觉得自己又可以写作了，于是她执起了笔，写沙漠、荷西和生活。

她说：“十年来，数不清的旅程，无尽的流浪，情感上的坎坷，都没有使自己白白地虚度一生最珍贵的青年时代，这样如白驹过隙的十年，再提笔，笔下的人，已不再是那个悲苦、敏感、浪漫，而又不负责任的三毛了。”

是的，雨季已过，不会再来，这是属于她的黄金时代。

1974年5月，三毛在沙漠的第一篇作品《中国饭店》（后改名为《沙漠中的饭店》）正式发表在台湾《联合日报》上，这让重拾写作的她欣喜若狂——她找回了文字所能给予的最大快乐。

后来，她回忆说：“十天后，我接到寄至撒哈拉沙漠的《联合日报》航空版，看见文章登出来，几乎不相信自己的眼睛，实在是太快了。我拿了这份报纸就走，那时我和荷西还没有车子，可是我实在是等不及了，手拿报纸就往沙漠上一直走，打算走到工地去告诉他……”

喜悦要与最爱的人分享，这大抵就是三毛当时的心情。虽然荷西看不懂中文，但他还是很高兴，像孩子一样在沙漠里快乐舞蹈。

其实，这篇文章的内容很简单，选取的都是生活中给荷西煮饭的故事，可谓朴实无华，却有着让人着迷的魔力。都说艺术来自生活，三毛的文字也是如此，她是诙谐搞怪的妻子，而他是憨厚可爱的丈夫，他们插科打诨，吵吵闹闹，对话俏皮幽默，颇具古典戏曲精神。

三毛说：“我知道这不是一篇很有内容的文章，只是比较俏皮一点。”不可否认，和她以前现代派的文章相比，《中国饭店》少了强烈的情感宣泄，时过境迁后，她不需要借助文字寻求灵魂的出口。

确切来讲，她是在记录，用文字记录生活。这就是她的生活，俏皮轻松，欢笑涟涟，令观者忍俊不禁。

自《中国饭店》发表，三毛开始进入文学生涯创作的第二个时期——沙漠文学时期。当时，她相继发表了《结婚记》《悬壶济世》《娃娃新娘》《荒山之夜》《沙漠观浴记》《爱的寻求》《芳邻》《素人渔夫》《白手成家》等一系列作品，后来都被收录在《撒哈拉的故事》一书中。

1976年，《撒哈拉的故事》由台湾皇冠出版社正式出版发行，至此后，该书便不断再版，共加印37次！三毛用健康明快的情绪、生动诙谐的文字、真实亲切的生活故事，以及浪漫多姿的沙漠风情，征服了亿亿万万读者！

这是属于她的荣耀，但远在沙漠的三毛，依旧是那个快乐的家庭主妇，完全不知道自己在台湾的炙手可热。当然，她也不在乎，她只想做荷西的妻子，在这片大漠里。

后来，有人问三毛："写作在你的生活里，是很重要的一部分吗？如果以切蛋糕的比例来看，写作占多少呢？"

她是这样回答的："写作在我生活中是最不重要的一部分，它是蛋糕上面的樱桃。"

是的，在她眼里，生活比写作重要，她重视生活，写作只是对生活的刻录，如果在现世安稳与才华横溢中做个选择的话，她一定会毫不犹豫地舍弃后者。

夜深人静正是灵感如泉涌的时候，于是三毛养成了晚上写作的习惯。每每到了晚上十一点，她就会赶荷西去睡觉，然后自顾沉浸在文字的世界里。有一次，忘记时间的她一直写到了早上六点钟，然而，当她偷偷溜回卧室睡觉时，却看见荷西猛地跳起来："你终于写完了！"

原来，没有她在身边，荷西根本无法睡得安稳。因为心疼丈夫，三毛再次放下了手中的笔，她如是说，"他的工作有危险性的，我希望他睡得好"。

后来，在一次演讲中，她还非常真诚地表示说："人生有太多值得追求的事了，固然写出一本好书也可以留给后世很多好的影响。"

有批评家说，《撒哈拉的故事》暴露了三毛哲学上的肤浅，她的《沙漠观浴记》《娃娃新娘》等游记性散文的深度，没有超过一个中等以上文化层次观光客的思想水准，她没有进行严肃艰苦的思索和解剖，一切只是一个青年女性轻松的直觉感应，内容太过浅白，没有那种震撼人心的史诗般的文学力量。

不可否认，这样的批评并没有什么错，但又未免太过苛责。文学不止一种风格，游记性散文难道非要上纲上线才能打动人心？三毛的文字诙谐幽默，浅白易懂，连小学四年级的孩子都看得津津有味，直说好玩，难道这不是最好的赞美吗？

她有过苦闷的少年时代，再回首望去，那些痛不欲生的情绪，不过是因为太过计较，不肯轻易放过自己。人生在世，过一天少一天，不如享受生活，及时行乐，这是她在沙漠中悟出的最大心得。于是，她在《中国饭店》中玩做菜，在《悬壶济世》中玩看病，在《荒山之夜》中玩探险……

她玩得不亦乐乎，哪还有工夫计较外界纷扰！

她说："在心情很好时，发现自己的生活这么美丽，为什么不把它写出来呢？”是啊，为什么不呢，她用生花的妙笔，创造了美轮美奂、风趣好玩的撒哈拉。

刻录撒哈拉故事，三毛那些关于沙漠的美丽文字，开出傲人的野地荆棘花。

4 诀别之歌，讲不出再见

三毛说，撒哈拉是她的梦中情人。时光如水，静默无言，在这块挚爱的土地上，她是快乐的家庭主妇，把她和荷西的小日子，过得行云流水、风生水起。

如果世上没有变故那该多好，她会一直留在这里，在平淡中收获幸福真味。然而世上没有如果，却从不缺少变故，因为战争，平静的日子开始起了波澜。

那是三毛定居沙漠的第三年，居住在撒哈拉的沙哈拉威人，一改往日的沉默与散漫，像风一样集中发动武装斗争，力图摆脱西班牙的殖民统治，抢回西属撒哈拉的控制权。

战争弥漫，在此起彼伏的冷枪声和地雷的爆炸声中，阿雍镇风声鹤唳，草木皆兵。这时，三毛的感情是复杂的，她可以预见，撒哈拉的黄沙必将刮得波涛汹涌；她可以预见，在鲜血映照下，沙漠上空必将殷红一片！

然而，她是不忍的。作为荷西的妻子，她拥有西班牙国籍，自然会被划入西班牙的范畴。然而，她并不喜欢镇上骄傲势力的西班牙太太们，对殖民主义也没有什么好感。她所眷恋的，一直是这片风生水起的沙漠，以及在这里世代生存的淳朴的沙哈拉威人。

荷西也是如此，他虽然是西班牙人，却清楚正义的方位。

有一次，荷西公司的一位白人职员，亢奋地发表着极端殖民主义演说，当他看到三毛的东方面孔，还斗志昂扬地补充道："殖民主义不是只有我们西班牙，人家香港的华人，巴不得讨好英国，这么多年来，唯命是从，这种榜样，沙哈拉威人是看不见，我们是看得见……"

他口无遮拦的几句话，让三毛的脸色瞬间变得灰白。这时，坐在旁边的荷西忍不住了，他猛地一拍桌子，就要冲过去和那个人打架，好歹才被三毛死命拦住。事后，荷西还义愤填膺地对三毛说："你们台湾当年怎么抗日的，他们知道吗？"

他们自然是不知道的，也不会想知道。正所谓，道不同不相为谋，对于那些偏执的政治说客，有些话是讲不清的，倒不如省些口水。

在阿雍镇，白人是沙漠的贵族，很少会有西班牙人住在沙哈拉威人的居民区里，三毛和荷西无疑是个例外。但是现在，由于种族立场的分歧，他们继续住在那里已不再安全，但三毛并不舍得离开，因为那里的黄沙，凝聚着前世的乡愁。

家国义，儿女情，乱世之中怎能少了正气凛然的英雄和凄美决绝的爱情，三毛和荷西，恰恰见证了这样一段荡气回肠的故事。

前有强大的西班牙统军，后有虎视眈眈的北邻摩洛哥，沙哈拉威游击队可谓势单力薄，他们的独立梦，也是困难重重。然而，游击队领袖巴西里和妻子沙伊达，他们用信念和执着，在战争的炮火中谱写出一曲壮烈的悲歌。

作为游击队的领袖，巴西里是沙哈拉威人的灵魂。他步伐稳重，举止大方，他气度不凡，聪明诡谲，他有着雄鹰般锐利的眼神，令人不敢直视，他神出鬼没，声东击西，一次次打败西班牙和摩洛哥两个强劲对手。

而沙伊达，她是沙漠风情下最洁白高雅的一束娇艳花朵，是受过高度文明教养的可爱女人。她有着漆黑的眼眸，挺直的鼻子，象牙色的双颊，以及一抹淡水色的嘴唇，她线条瘦削，笑容沉静安然，就如同一轮皎洁的明月，可照亮一室的芳华。

可是，在闭塞的撒哈拉风俗下，这样无懈可击的女人却成了耻辱般的存在。是的，沙伊达被一群群沙哈拉威女人鄙夷和唾弃着，因为无知的嫉妒。

当三毛还不认识沙伊达的时候，就已听说过她——医院的助产医生。但是，在旁人的言语中，并没有什么好的词汇：

“不要脸的女人，阿吉比爱她，她不爱他，还跟他讲话，阿吉比拼命去找她，她又变心了，跟奥菲鲁阿突然好起来，阿吉比找了一群人去整她，她居然告诉奥菲鲁阿……”

“沙伊达可是的啊！那个婊子，认识游击队……”

三毛不喜欢乱嚼舌根，更不喜欢别人用自己的想象添油加醋。于是，在素昧平生的时候，她还是帮沙伊达说了话：

“婊子这个字，只可以用在无情无义、没有廉耻的女人身上，沙伊达是你们沙哈拉威女子里数一数二的助产士，怎么可以叫她婊子呢！这个字太难听了，以后再也不要这么说她了。”

1975年10月17日，海牙国际法庭做出判决，西班牙和平退出西属撒哈拉，将沙漠交由当地居民自决。于是，全城沙哈拉威人沸腾了，他们敲打着所有可以发出声响的东西，发了疯似的欢呼庆祝。

然而，到了晚上，他们得知摩洛哥国王正在招募志愿军，即将向这片土地进军的消息。于是，沙哈拉威人又乱作了一团，他们觉得，即使再勇猛，少枪缺炮的游击队也抵不过泱泱大军。

摩洛哥的军队进城了，那些意志不坚定的沙哈拉威人，开始纷纷倒戈，挂起摩洛哥的国旗，而三毛的邻居罕地，便是其中的一员。

比起侵略者，三毛更痛恨的是汉奸，他们简直就是没有廉耻的蛀虫！此情此景，三毛悲愤交加，她决定离开了，这里已无安全可言。然而，就是她决定离开的这天晚上，沙伊达和巴西里悄然潜到她家。

当时，阿雍镇遍布汉奸和摩洛哥军队，但是，为了看一眼自己的爱妻，巴西里这个刚毅的男人，还是义无反顾地选择以身涉险。敏锐如三毛，她从巴西里的目光中解读到满满的柔情和深深的伤感，他哀哀地请求三毛，带他的妻子一起离开。

三毛懂爱，也分得清大义，于是她郑重其事地答应了他的请求。然而，这个可怜的男人，并没有成功逃出小镇，他死在了敌人的刺刀下，面目全非。

得知丈夫牺牲的那一刻，沙伊达的心也碎了，但那群叫嚣着的沙哈拉威人并不肯放过她，他们撕扯她的衣服，当街羞辱这个美丽的女子，等三毛赶到的时候，只看到两具还未冰凉的尸体，一具是沙伊达，一具是拼死保护她的血性警察——奥菲鲁阿。

这真是一出悲剧！蹲在冰凉的沙地上，三毛不住地发着抖，她渐渐什么也看不见了，只余屠宰房里骆驼嘶叫的悲鸣，不绝于耳……

这一次，她真的要离开了，尽管依旧眷恋着这块土地。1975年10月30日，三毛登上飞机，离开了最美丽的沙漠城堡。

> 世界上没有第二个撒哈拉了，也只有对爱它的人，它才向你呈现它的美丽和温柔，将你的爱情，用它亘古不变的大地和天空，默默的回报着你，静静的承诺着对你的保证，但愿你的子子孙孙，都诞生在它的怀抱里。

这是她写给撒哈拉最后的诀别之歌。别了，撒哈拉，别了，梦中的情人！

我们的三毛4

有些本来是含义美好的名词，用得滥了，也就变成庸俗不堪了。才子才女满街走是一个例子，银幕、荧幕上的奇女子频频出现也是一个例子。我本来不想把这种已经变得俗气的街头加在三毛身上的，但想想又没有什么更适合的形容，那就还是称她为奇女子吧。“奇”的正面意思应是“特立独行”，按《辞海》的解释，即志行高洁，不肯随波逐流之谓也。

——作家梁羽生

第七章

海岛之行·奔赴另一段生命之旅

1　海鸟和沙滩里的新故事

飞离撒哈拉沙漠，三毛避难的地方，不是婆家马德里，也不是娘家中国台湾，而是坐落在大西洋的加纳利群岛。它是西班牙在北非的另一块殖民地，与撒哈拉沙漠仅一水之隔。

加纳利群岛占地七千多平方公里，共由七个岛屿组成，分别是丹纳丽芙省下的拉歌美拉岛、拉芭玛岛、伊埃萝岛和丹纳丽芙岛，以及拉斯巴尔马省下的大加纳利岛、富得文都拉岛和兰沙略得岛。三毛定居的地方，是其中最繁华的大加纳利岛。

大加纳利岛是距离沙漠最近的岛屿。它正对撒哈拉，风景秀美，终年阳光普照，如候鸟般迁徙避冬的游客数不胜数。它是大西洋里最闪亮的钻石，航海的人、避冬的游客，将这座小岛点缀得秀色可餐。

起先，三毛是孤身一人来到这里的，荷西为了和公司一道撤离，暂时留在局势动乱的沙漠，直到十五天后才来到岛上。

等待的日子并不好过，因为担心丈夫安危，她无暇顾及岛上秀美如江南的风景，每天夜不能寐，度日如年。她如是说："我每天抽三包烟，那是一种迫切的焦虑。夜间不能睡，不能吃。这样等到十五天，直到等到了荷西，以后身体忽然崩溃了。"

十五天，她终于盼来牵肠挂肚的荷西。见到他的刹那，心底紧绷的那个弦一下子断了，她摇摇欲坠地扑进他的怀里，在熟悉的温暖中沉沉睡去。这大抵是最好的爱情吧，不求轰轰烈烈的你侬我侬，但求平平淡淡的心安陪伴。

长久以来，荷西心中都住着一个海洋梦，除了三毛，他还深切地爱着蔚蓝的海域。这一次，他来到这里，在最爱的三毛的陪伴下，他们要一起找回迟来三年的梦想。

在大加纳利岛，他们把家安在了有"小瑞士"之称的海边社区，那里离城二十多里，依山傍水，风景如画。

蔚蓝海洋波光粼粼，美丽海岸金光闪闪，一幢幢西班牙式民居，错落有致地分布在正对海洋的山坡上，属于他们的家，就是其中一幢纯白色的平房。

他们有一扇临海的窗户，能看到开阔的海洋，和一艘艘在海风中自由飘荡的轮船。他们有一个芬芳的花园，每天都是绿色盈眼，春意盎然。这是属于他们的家，美美的、温馨的、带有海水气息的家。

在海边社区，他们的邻居大多是北欧退休老人，这些孤独的近乎隐居的人们，有着寂静安宁的力量。无疑，三毛是喜欢这里的，喜欢这里的无限风光，喜欢这里的荒僻寂静，她愿意与隐居的老人一起，看日出日落、云卷云舒。

定居海岛后，荷西开始找工作，只是，在这个近似隐居的小岛上，找工作谈何容易。一个月后，谋事无着的他为了生计，重回枪林弹雨的撒哈拉工作，但那里已经不是西班牙的天下，他失去了原有的庇护。

沙漠那边，心爱的丈夫在危险的境遇下赚钱养家，海岛这边，担忧的妻子不禁对着海水心惊肉跳。在台湾作家心岱的三毛访记中，对这段过往有着颇为细致的描述：

“尽管分离短暂，但战乱之中，谁对自己的生命有信心。荷西每一趟回家，对她就像过一个重大的节日。在确定的两天之前，她就兴奋着，而他一回来，立刻跪在她的面前，抱着她的腿，他不愿她看见他的眼泪，把头埋进她的牛仔裤里不肯起来。”

战争无情，枪弹无眼，因为害怕，她每天都在无尽的担忧中提心吊胆。然而，一个女人毕竟承受不住太多的苦难压力，1976年初，一场车祸降临在海岛独自生活的三毛，她伤及脊椎，直接住进医院。

听说妻子出事，荷西紧张万分，马不停蹄地奔赴海岛，守在她的身边悉心照料。当时，荷西刚刚涨了薪水，但他全然顾不得了，再多的金钱也比不上心爱女子的安危。

不久后，三毛出院了，但经此一劫，这个倔强的女人宁愿饿死，也不同意丈夫再去战火弥漫的撒哈拉工作。就这样，他们开始面临失业，以及失业所带来的贫困日子。

三毛患有子宫内膜异位症引起的卵巢瘤，每每发作下体就会流血不止。然而，事情就是这样凑巧，在骨伤刚刚愈合的当下，卵巢瘤偏偏也发作了，她每次躺下都会血流如注，真可谓病来如山倒！

望着日渐消瘦的妻子，荷西心疼不已，却无能为力，甚至连像样的工作都没有找到。没有工作的荷西满面愁容，眼看着遣散费一天天花完，生病的妻子为了省钱，每天只吃一顿饭，他偷偷流下了懊恼的眼泪。

失业男人的心理，焦急而阴郁，他将一封封求职信，急急投往世界各大公司，但每次都是杳无音讯。时运不齐，命途多舛，尽管他是一位优秀的潜水工程师，是为数不多的一级职业潜水执照的持有者，却偏偏没有一份工作愿意让他施展拳脚。

为了温饱，饥肠辘辘的两人只得在清晨的曙光里，去海边打鱼。每每这时，三毛就踩着细软的沙滩，微笑地看着荷西一次次潜入海水，然后再带着一条条活蹦乱跳的大鱼露出头来。诚然，荷西捞不到神话故事中的阿拉伯宝瓶，但三毛觉得，为了自己在拼命努力的丈夫，是在编织属于两人的最美神话。

1977年1月，荷西与一家德国潜水公司签了工作合同。尽管这家公司很小，条件也很苛刻，还需要奔赴遥远的尼日利亚工作，但这位血性汉子，总算有了工作可做。

在荷西远赴尼日利亚流血流汗的日子里，三毛也没有闲着，她又开始重拾写作，用源源不断的稿费补贴家用。在两人的共同努力下，捉襟见肘的苦日子总算过去。

然而，当三毛后来再次回首起那段日子，依旧止不住地心有余悸，她如是说："失业时的忧愁，突然又像一个大空洞似的把我们吸下去，拉下去，永远没有着地的时候，双手乱抓，也抓不住什么，只是慢慢地落着，全身慢慢的翻滚着，无底的空洞，静静地吹着自己的回声——失业——失业——失业！”

还好，一切都已雨过天晴。他们用爱燃起希望，谱写出海岛和沙漠的新故事。

2 海和火山爱情结晶

失业的噩梦逝去，他们的生活慢慢步入正轨。只是，荷西在尼日利亚的工作并不体面，那个所谓的德国潜水公司，加上老板只有4个人，这就意味着，真正干活的只有荷西和另外一个工程师。

炎热酷暑的热带国家，工作条件是极其艰苦的，再加上并不正派的老板，荷西总有干不完的活和加不完的班。可以说，他是用命在工作，在3个月时间里足足瘦了20多斤。

“冒险家，投机分子，那儿有钱哪儿钻，赚得快，花得也凶，在外出手极海派，私底下生活却一点也不讲究，品格不会高，人却有些小聪明，生活经验极丰富，狡猾之外，总带着一点隐隐的自弃。”

这是三毛对潜水公司老板的评价。正是这样自私奸诈的小人，在无情地剥削着劳动力，不仅如此，他们还扣住荷西的薪水和护照，让他没有办法离开。

遇到手段如此狠毒的老板，忠厚老实的荷西所能想到的对策就是拼命干活，期待老板能够良心发现。只是，可怜的荷西，一个没有良心的人谈何良心发现！

听到丈夫的遭遇后，远在大加纳利岛的三毛勃然大怒。是可忍孰不可忍，她直接飞到丈夫身边，与他的老板撕破脸皮。经过几番唇枪舌剑后，她要回了荷西的护照以及几千美元的薪水，尽管这只是工资的一小部分，但也算解救丈夫于水火了。

这一年，荷西的运气还算不错，否极泰来的他很快在丹娜丽芙岛找到新的工作。这是一份颇有诗意的工作，主要劳动是营造“海边景观工程”，即在平空中做出人造海滩作为旅游景点。

对于一个热爱海洋的男人来说，这样的工作无疑很对口味，更何况它还能给予安定的收入！就这样，荷西的脸上渐渐找回了笑容。

丹娜丽芙岛距离大加纳利岛并不远，三毛从卡特林纳码头搭乘轮渡，只需要4个小时就可以来到丈夫身边。尽管如此，如胶似漆的两个人，依旧无法忍受聚少离多的相思之苦，几个月后，三毛也搬了过来，在丹娜丽芙的小公寓里共同生活。

他们租下的小公寓真的是非常精巧，厨房和浴室都隐藏在一个大壁橱里，除此之外，所有的一切全都一览无余，有时他们甚至会踩到彼此的脚。然而，这又怎样呢，只要拥有彼此，天大地大哪里都是家，三毛觉得，在小阳台赏海上生明月之美景，也别有一番情趣。

在这个狭小的公寓里，他们一起生活了三四个月。后来，他们搬进了一处宽敞的处所，那里有两个明亮的房间，以及对着郁郁青山的大大阳台。

青黛山峦绵延万里，湛蓝大海水天相接，他们相拥站在窗前，任凭锁不住的明媚风光盈满眼帘，是的，他们喜欢这里，它的诗情画意，一如大加纳利岛的海边社区。

当然，为了这份诗情画意，他们同样支付了昂贵的房租。经过一年饥渴艰难的狼狈后，这对浪漫的情侣依旧学不会省吃俭用。随性之人，及时行乐，其实仔细想想，这样又有何不可，在大西洋的海岛上，这对恩爱夫妻的生活虽然平淡，却也充满着浓情蜜意。

有一次，三毛在十字港的一家店铺，无意间看到故土台湾所产的一个划船女娃，那女娃扎着麻花辫，一脸的天真烂漫，她觉得煞是可爱。恰好，那天的三毛也将浓密的黑发扎成了麻花辫，于是，聪明伶俐的店员小姐便伶牙俐齿地说："你们俩长得太像了，简直是一对姐妹，难道姐姐不应把她的小妹妹抱回家去吗？"

三毛笑了一下，踌躇了半天，最后还是没有买。回到家后，她在无意间向荷西提起了此事，但在几天后的下午，她竟然在烤箱里发现了藏在里面的神秘礼物——划船娃娃！

她喜不自胜地把娃娃拿出来把玩，结果又在娃娃的脚底发现了许多画上去的圆点点，并且，在小船边上，还多了工工整整的几个大字"一九七八——Echo号"，显然这都是某位大神的杰作。

更显然的是，三毛被这位大神的用心所打动，于是乎，满腔的爱意和感动，变成了倾心而为的诱人蛋糕，被她放在划船娃娃的旁边。下班回家的荷西看到后，笑呵呵地说："了不得，这艘小船，钓上来好大一条甜鱼，里面还存着新鲜奶油呢！"

一件小礼物，一次小感动，一个小幽默，在相爱之人的眼里，都是情意绵绵的小默契。因为彼此，他们只觉世界美得不言而喻。

时光如水，安宁恬静，日子一天天沉淀，他们在海岛的生活，充满诗情画意。也正是在这样闲适的岁月里，她在如痴如醉的美丽风光中重拾画笔，肆意挥洒心底的浪漫情怀。

年少时，因为一个画家梦，她学过山水画和花鸟画，也练过油画和素描，只是最后都被搁浅在时光中。如今，她再次拿起画笔，随性为之，只为生活情趣，只因自己喜欢。

一日，三毛的画布上出现了一轮新月、一棵树、一树红果、七只绕树飞翔的白鸟和两个在树枝浓荫深处赤诚相见的爱人。多么美好的画面！暮色沉寂，夜凉如水，淡淡的月光洒落，一树红果荡漾，相爱之人在卿卿我我……

只一眼，荷西便被画面中的极致神秘之美深深打动。他轻轻抚摸着画布，没有说话，仿佛是害怕惊醒画中幸福的一对小人儿。不知过了多久，他温柔执起三毛的手，轻轻在她耳畔诉说："三毛，伊甸园在这里。"

这个西班牙男人，他虽然不懂三毛的文学，却能轻易读懂她的画。只是不知，他口中的伊甸园，是画内，还是画外？

3 在生命里刻下最深的痛

在《梦里花落知多少》一书中，三毛如是写道："那一年，我们没有过完秋天。"多么伤感的话，那一年，荷西死在秋天的海洋，那一年，三毛的幸福就此终结。

1978年冬天，丹娜丽芙美丽的人造海滩，成功引进澄澈湛蓝的海水，荷西的工作也算告一段落。这是愉快的一年，他充满诗意的工作，让丹娜丽芙岛换了模样。

碧海蓝天，落日西沉，惊涛拍岸，风起云涌。除夕之夜，滨海大道上挤满了快乐的游览人群，三毛和荷西，相互依偎在完工的大堤旁，静静欣赏如诗如画的海滨景观，静静等待子夜钟声的敲响。

这是狂欢的夜，快乐的人们笑着、闹着，欢声笑语不绝于耳。这是幸福的夜，热闹是他们的，安宁是自己的，这对无比登对的情侣，静静享受着只属于两人的除夕之夜。

“铛、铛、铛……”，子夜的钟声回荡，一朵朵缤纷的烟火，绽放在无尽的漆黑夜空，这时的荷西，将妻子紧紧揽在自己的臂弯，孩子一般兴奋地说：“快许十二个愿望，心里跟着钟声说。”

三毛仰头，虔诚望向如梦如幻的烟火，嘴里划过十二句同样的愿望：“但愿人长久，但愿人长久，但愿人长久，但愿人长久——”

辞旧岁，迎新春，新的一年到来之际，他们十指缠绕，膝盖相抵，他们深情凝视，满怀希冀。五色光影下，温润沙滩上，荷西微笑说声“新年快乐”，轻吻她的唇角，这一刻，三毛突然变得贪心起来，她想要靠着他温暖的胸膛，一生一世，生生世世。

她如是说：“在一个新年刚刚来临的第一个时辰里，因为幸福满溢，我怕得悲伤。”

钟声已过，她突然想到“但愿人长久”的下句是“千里共婵娟”。“但愿人长久，千里共婵娟”，三毛心头一紧，一对绑在一起的夫妻，怎能对月空叹息呢，这样的愿望未免太不吉利。

三毛是个相信命运的人，这样的新年愿望让她懊恼不已，她隐隐觉得，今年的忧伤会格外多些。

1979年的新年，三毛是在满身尘土中度过的。除夕过后，她和荷西携手告别丹娜丽芙岛，回到大加纳利的花园别墅，那锁了一年的家，灰尘满室，荒凉满目，百感交集的三毛顾不得吉利不吉利，马上操起扫帚，开始清扫起来。

在大加纳利岛，他们形影不离，日夜相伴，度过了两个多月闲适的家居生活。在一片安静祥和间，三毛的心也渐渐安定下来，不再去想无意间许下的那个可怕的新年愿望。

只是，平静的生活总是会被轻易打破。一日上午，正在院中浇花的三毛听到有人在木栅门外大喊："Echo，一封给荷西的电报呢！"这时，她的心脏开始不受控制地扑扑乱跳，那种不好的感觉再次回到心间，她暗暗祷告说，上帝保佑，千万不要是马德里的家人出了什么事。

还好，电报并非来自马德里。确切来说，这是一份喜电，荷西又有了新工作，电报催他火速去拉芭玛岛报到，但三毛还是开心不起来，因为拉芭玛岛。

一年前，她和荷西曾去过拉芭玛岛旅游参观。作为加纳利群岛中最绿最肥沃的岛屿，拉芭玛岛的杏花春雨，三毛还是很喜欢的，让她油然生起遁世之感。但在旅行中，一个神秘的女巫猝不及防地冒出来，揪下她的一绺头发和荷西的几根胡子，这让她每每想起都不寒而栗。

为什么偏偏是这个巫风盛行的岛呢？三毛不知道，这究竟意味着什么，只是心底有着隐隐的不安。

荷西报到一周后，三毛也到了那里。只是，当飞机在荒凉的机场着陆时，三毛看见了两座黑里带着火蓝的大火山，一瞬间，一种沉重的感觉袭向心脏，卡住她的喉咙，也压倒重聚的期待。

她对荷西说："这个岛不对劲！"但这个西班牙平野大汉，哪里晓得太太的神经兮兮，他没有答话，只牵起她的手自顾往前。

或许是那两座火山太过沉重，或许是死寂的墓园太过可怖，抑或是那个来历不明的女巫留下太多不好的预感，躺在拉芭玛岛旅馆的三毛，开始重复做一个奇怪的梦，她认为这是充满死亡信号的噩梦。

在梦中，她的身体被弧形的灰洞吸走，她的魂魄被命运的列车载走，然后，她跟着一个不知名的红衣女子告别人世。于是，这个相信命运征兆的女人接受了噩梦的启示，拉芭玛是一座死亡之岛，自己即将离开人世，和荷西诀别。

她悄悄去了法院公证处，立下遗嘱，为心爱的丈夫安排好一切。她留恋着和荷西相处的每一寸时光，每天都要骑车去他工作的码头与他相见，甚至，她还说出这样的“遗言”：“荷西，要是我死了，你一定答应我再娶温柔些的女孩子，听见没有？”

可惜，三毛猜出了厄运，却没有猜出结局。那时的她并不知道，上帝要带走的那个人，是荷西，而非自己。

意外发生在那年秋天。当时，三毛的父母要来欧洲旅行，忙于迎接父母的她，并没有察觉到祸兆的来临。

那段日子是非常美好的。千呼万唤中，荷西按照中国礼节向岳父岳母行礼，亲切地称呼他们“爸爸妈妈”。后来，荷西也总是陪在老人左右，带亲爱的岳父大人兜风赏景，陪亲爱的岳母大人大话家常，有他陪伴的日子，陈嗣庆夫妇的脸上总是笑容满面。

一个月后，在三毛的陪伴下，陈嗣庆夫妇离开了小岛，去英国旅游。巨大的轰鸣声中，小型螺旋机徐徐起飞，而机舱外的荷西，沿着飞机的方向，一边奔跑一边向岳父岳母挥手告别。

然而，这一次竟是永别。

1979年9月30日，三毛正在英格兰的街道上行走，而荷西，他有些不习惯妻子不在身边，便去了海边捕鱼散心，但这一次，他沉入了海底，再没有浮出水面。

这一年，三毛34岁。她的丈夫，还未陪她看过台北的落叶，便仓促地离开，连只言片语都没有留下。就这样，她失去了荷西，在生命中刻下最深的痛。

她一直以为，命运预兆的死亡会是自己，而她宁愿死去的就是自己。不知不觉间，她爱他，已胜过爱自己！

4 夕阳下的执着等待

他走了，而她，没能见他最后一面。

当远在英国的三毛得知荷西葬身大海的时候，她无论如何都是不信的。她不信深谙水性的他会被大海吞没，她更不信这个好端端的人，会先自己一步离去。

在父母的陪伴下，她火速赶回拉芭玛岛。那时，荷西还没有找回来，不眠不休的她一边请人继续在海里寻找，一边整日整夜地向上帝祈祷：“我说上帝，我用所有的忏悔，向你换回荷西，哪怕手断了、脸丑了，都无所谓，一定要把我的荷西还给我。”

或许，上帝并没有听到她的祈祷，尽管她姿势虔诚，语调切切。两天后，荷西的尸体被打捞了上来，尽管他肢体僵硬，浑身水肿，脸部也变得非常难看，但她还是一眼认出朝夕相处六年之久的丈夫。

只是，她的丈夫一动不动地躺在地上，再没了呼吸和脉搏。三毛颤抖着，终于不顾一切地扑了过去，号啕大哭。她声嘶力竭地呼唤着丈夫的名字，一遍一遍，如同感应般，荷西水肿的身体开始流血不止。

或许，这就是荷西对她最后的回应。

三毛说："我不能忍受在他孤独时，有那么多人在我身边陪着他，我要那些朋友暂在外边，我要陪他度过一段时光。荷西睡觉，喜欢牵着我的手，有时半夜翻了身，还到处找我的手，我轻轻抚摸着，仿佛看见覆在荷西身上的床单，一起一伏，荷西在呼吸，荷西没有死。我大声地叫着，他没有死……"

变故来得太快，一切都恍然如梦，她不相信荷西死了，也不愿相信荷西真的死了。所以，她拒绝了朋友的陪伴，她要与心爱的丈夫单独相对，如同往常那般。

她说："荷西死在他另一个情人的怀抱里——大海，应也无憾了。"

道理谁都懂，谁都可以说得头头是道。但是，她是多么不舍得放他离开，她是如此心痛，痛到无法呼吸，痛到只会一遍遍呐喊：荷西回来！荷西回来！

然而，亲爱的荷西再也回不来了，只余她孤身一人。

她，独自一人，去墓园为他挖坟，那一铲一铲的泥土，都和着她汹涌的泪。她，独自一人，去葬仪社结账，去法院申请死亡证明，去荷西马德里总公司索要工作合同证明，去警察局注销身份证和驾驶执照……这一桩桩一件件事，只要是关于荷西的，她都亲力亲为。

荷西下葬那天，她眼睁睁看着他被放进朋友合买的棺材，然后又被缓缓放入浸着自己泪水、汗水和血水的黄土。终于，她再也忍受不住，流着眼泪扑了过去，死死抱住棺材不愿放手。

一直陪在身边的父母看不过去，将她强行拖到一边。就这样，荷西被安葬了，只是，如果他的魂灵看到这样恸哭狂叫的妻子，是否也会哭花了脸，久久不愿离去?

葬礼之后，三毛便被注射了镇静剂。尽管如此，躺在床上的她依旧痛不欲生，药性几乎失去作用。她声嘶力竭，一遍遍喊着“荷西回来”“荷西不要走”，直听得陈嗣庆夫妇流下一串串心疼的泪水。

荷西走了，留给她无尽的哀伤。情绪稍稍平复后，她又马不停蹄地去了木匠店，请一位老工人用上好的木材，做出自己为荷西亲自设计的十字架，就连上书的墓志铭也是由她含泪拟写的：“荷西·马利安·葛罗。安息。你的妻子纪念你。”

挖黄土、搬石块、钉木栏、固定十字架……这个瘦小的女子，颤抖着双手，为丈夫默默做着最后一件事，每一下都忍不住流下滚烫的热泪。最后，十字架竖起来了，满满都是属于她的血泪深情。

至此后，三毛再无事可干，于是，去墓地便成了她全部的生活。每天清晨，她起床的第一件事，就是去墓园陪伴长眠于此的丈夫。晨风清凉，鸟叫如洗，她静静穿过安然的小镇，走向荷西安睡的地方。

海岛还是那个海岛，小镇还是那个小镇，远处的海洋蔚蓝依旧，两座荒凉的火山也依旧弥漫着沉重的死亡气息。他死了，这个世界还是原来的模样，只是多了一个坟丘而已，而她，却失去了最亲近的人。

和着周围树叶的清香，她痴痴坐在墓前，安静地陪伴着他。很多时候，她并不说话，只是轻轻抚摸墓碑上荷西的名字，而有时，她会拿起口琴，再吹一曲《甜蜜的生活》，这是丈夫最爱的曲子，满满都是关于她的美丽回忆。

阳光缓缓升起来，又慢慢地落下去，而她就静止在时光里，从清晨直到日暮。黄昏的光线洒落，墓地染上安详的金黄色，显得异常温柔，而她依旧坐着，纹丝不动。

渐渐地，幽暗的夜再次来临，守墓人拿着一把古老的大铜锁向她走来，低声对她说："太太，回去吧！天暗了！"

于是，三毛轻轻站起来，默默地跟着他，穿过昏暗的墓地，走向那扇隔离生死的铁门。当她跨出这扇生锈的铁门，守墓人就会将其缓缓关上，并用那把老旧的铜锁锁上。

然而，铜锁可以锁住一方天地，却锁不住思绪飞扬。她回头，最后看一眼在暗夜里沉寂下去的墓地，轻轻道声再见，才向着少了一个人的家缓缓走去。

夜晚，她拥着思念而眠。她如是说：

许多个夜晚，许多次午夜梦回的时候，我躲在黑暗里，思念荷西几近疯狂，相思，像虫一样的慢慢啃著我的身体，直到我成为一个空空茫茫的大洞。夜是那样的长，那么的黑，窗外的雨，是我心里的泪，永远没有滴完的一天。

没有荷西的夜，是如此漫长，没有荷西的房间，是如此空旷。她不习惯没有荷西的日子，也习惯不了。或许，她只是不相信，这个世上再没有荷西这个人。

她一次次去他的墓前，从日出一直等到日暮。或许，她的执着只是为了等待一个奇迹，一个荷西会回到她身边的奇迹。

然而，荷西再也不会回来，她心知肚明，只是固执地不愿相信。

我们的三毛5

如果生命是一朵云，它的绚丽，它的光灿，它的变幻和飘流，都是很自然的，只因为它是一朵云。三毛就是这样，用她云一般的生命，舒展成随心所欲的形象，无论生命的感受，是甜蜜或是悲凄，她都无意矫饰，行间字里，处处是无声的歌吟，我们用心灵可以听见那种歌声，美如天籁。被文明捆绑着的人，多惯于世俗的繁琐，迷失而不自知。读三毛的作品，发现一个由生命所创造的世界，像开在荒漠里的繁花，她把生命高高举在尘俗之上，这是需要灵明的智慧和极大的勇气的。

——作家司马中原

第八章

走向远方·在万水千山里自由地流浪

1 像风筝一样自由飞翔

荷西死了，三毛的心也死了。

在与父母的深夜交谈中，她如是说："如果我选择了自己结束生命这条路，你们也要想得明白，因为在我，那将是一个更幸福的归宿。"

是的，她想到了自杀，想要随荷西而去，与他生死相随。

霎时间，她的母亲泪流满面，她一遍一遍地哀求女儿说："你再试试，再试试活下去，不是不给你选择，可是请求你再试一次。"

而她的父亲，情绪也变得非常激动：

"你讲这样无情的话，便是叫爸爸生活在地

狱里，因为你今天既然已经说了出来，使我，这个做父亲的人，日日要活在恐惧里，不晓得哪一天，我会突然失去我的女儿。如果你敢做出这样毁灭自己的生命的事情，那么你便是我的仇人，我不但今生要与你为仇，我世世代代都要与你为仇，因为是——你，杀死了我最最心爱的女儿——”

可怜天下父母心，他们如何舍得如花似玉的女儿走上轻生的道路。而三毛，又怎会真的忍心让自己的父母受这样的折磨，只是太多的痛苦积聚，她找不到宣泄的出口，也找不到继续活下去的理由。

每当夜深人静，三毛被噬骨的思念生生折磨，这时的她就会暗自庆幸经历此番痛苦的是自己而不是荷西。她如是说：

“感谢上天，今日活着的是我，痛着的是我，如果叫荷西来忍受这一分钟又一分钟的长夜，那我是万万不肯的。幸好这些都没有轮到他，要是他像我这样的活下去，那么我拼了命也要跟上帝争了回来换他。”

爱有多深，思念和疼痛就有多长。三毛突然想到，如果自己以死作为解脱，经受此番折磨的就会是自己的父母，她不忍，不忍，不忍！

她说：“先走的是比较幸福的，留下来的，也并不是强者，可是，在这彻心的苦，切肤的疼痛里，我仍是要说——‘为了爱的缘故，这永别的苦杯，还是让我来喝下吧！’”

既然这颗碎成片片的心，仍是父母的珍宝，无论再痛、再伤，她都会含泪吞下，不再有放弃生命的念头。为了视她若生命的父母，她会活下去，暂时做一只不死鸟。

不死鸟，即使翅膀折了、羽毛脱了，也会坚强地活下去。

她，即使失了比翼的另一半，也会如同不死鸟般，坚强地活下去。

为了让女儿尽快摆脱丧偶的悲痛，陈嗣庆夫妇取消了欧洲旅行的计划，极力劝说三毛一起回台湾。在父母的坚持下，三毛同意了，同意离开这座有着太多悲伤记忆的小岛，但她知道，总有一天，自己还会回来，因为荷西还在这里。

临行前，她去墓地与丈夫告别：

“我最后一次亲吻你，荷西，给我勇气，放掉你大步走开吧！ 我背着你狂奔而去，跑了一大段路，忍不住停下来回首，我再度向你跑回去，扑倒在你的身上痛哭。我的爱人，不忍留下你一个人在黑暗里，在那个地方，又到哪里去握住我的手安睡？我趴在地上哭着开始挖土，让我再将十指挖出鲜血，将你挖出来，再抱你一次，抱到我们一起烂成白骨吧！那时候，我被哭泣着上来的父母带走了。我不敢挣扎，只是全身发抖，泪如血涌。最后回首的那一眼，阳光下的十字架亮着新漆。你，没有一句告别的话留给我。”

她走了，一袭黑衣，满脸悲痛，随父母飞回故乡台湾。

回到台湾后，三毛受到了亲人好友的关爱和安慰，这使她的丧偶之痛淡去了些，脸上也渐渐多了笑容。

1980年春，三毛从台湾出发，前往东南亚和香港旅行。一路上，她不再沉溺于过往的痛楚，像风筝一样自由飞翔。她说：“那次在泰国海滩上被汽艇一拖，猛然像风筝似的给送上了青天，身后扎着降落伞，涨满的风，倒像是一面彩色的帆，这一飞飞到海上，心中的泪滴出血似的痛。死了之后，灵魂大概就有这种在飞的感觉吧？”

伴随着《橄榄树》的歌声，三毛和摄影家水禾田，飞驰在香港九曲十三弯的山径上。或许是风声太过清爽，或许是歌声太过美妙，三毛竟然和摄影家一起，齐齐哼唱起这首风靡一时的曲子。

“不要问我从那里来，我的故乡在远方，为什么流浪，流浪远方……”这是三毛作词的歌曲，此时唱出来也是别有一番风味。简单地玩，开心地笑，旅行就要有旅行的样子。在这趟旅程中，她虽然无法完全抛下心中的伤，却寻到了灵魂的自由。

三毛已是名满中国港台以及东南亚国家的作家，无论走到哪里，只要有华人，就会出现热烈轰动的场面。在如此热闹的簇拥包围下，她一点都不孤独。

旅行归来，重回台北，她一脚踏入红尘。目不暇接的签名会、名目繁多的饭局、各大院校的演讲和座谈会……她深切感受到了家乡同胞的热情，只是时间一长，她开始有些分不清，到底是自己走进了红尘，还是这红尘滚滚将她淹没。

沙漠和海岛的与世隔绝，让她早已习惯宁静。没过多久，她便厌倦了红尘的喧嚣，她想要离开了，重新回到美丽宁静的大西洋孤岛去，她的荷西还在那里翘首以盼。

2 在回忆里与你相遇

挥别父母，她再次踏上旅程，回归大加纳利岛。这是一场漫长的归旅，少了爱人的日日催促，孑然一身的她，有足够的时间，静静享受一个人的旅行。

从台湾桃仙机场出发，她经由香港、昆明，到达瑞士，再换乘火车去洛桑找昔日的女友叙旧，去意大利游佛罗伦萨，去阿根廷看望曾经的老邻居奥托，去奥地利维也纳拜访堂哥陈懋良，最后再经由巴塞罗那、马德里，回到大加纳利岛。

在阿根廷，奥托的女儿歌妮和儿子安德列阿早早就去巴塞尔迎接她。当时，歌妮的男友也来了，三毛没想到的是，他正是自己在大加纳利岛的可爱邻居达尼埃。人生处处不相逢，世界就是这样奇妙。

坐在火光通红的老壁炉旁，她和奥托一家度过了一个美妙而深情的夜晚。离别的时刻，奥托夫妇亲切地挽留她在阿根廷安度余生，三毛拒绝了，因为这里终究不是自己的家。

达尼埃深知三毛热爱旅行的秉性，便拉着她好好逛了一下法国，在那里，她还遇到了曾经的拾荒同好希伯尔。希伯尔是个瘦削的男人，他和三毛不仅在拾荒方面很是相投，还同样喜欢独处守静。自古惺惺惜惺惺，希伯尔热情地邀请三毛到家里去看自己拾到的好东西，并特意让她挑选了一件年代久远的相送。

在维也纳，当年不羁的黑马已经成为一名音乐家，他已娶妻生子，拥有简单美好的爱情，而三毛这匹黑马，也已成了家喻户晓的作家。时隔多年，陈家两只黑马重逢在这座温馨的音乐之城，自有道不尽的千言万语。

她亲切问候堂嫂，并拿出自己一直珍藏的沙漠艺术品作为见面礼。她聆听堂哥美妙的音乐，和他一起畅谈过往的种种梦想，并且，她还跟着堂嫂学会了泡鸡蛋。维也纳，这本是一座陌生的城市，但因为割舍不掉的亲情，她的心溢满温暖的情绪。

在巴塞罗那，她独自去了游乐园，在旋转木马上拼命旋转，在吊车上看灯海一片的街市。八年前，她曾在这里度过难忘的白色圣诞节，那时的她站在雪地，与荷西的二哥夏米叶告别，那时的她在瑟瑟冷风中笑得欢快，因为荷西还在身边。

在马德里，她见到了小姑子伊丝帖和二哥夏米叶。伊丝帖是三毛和荷西的红娘，这个天真可爱的女生真心爱着自己的嫂嫂，极力主张她脱掉黑色丧服，像哥哥在时那样穿上七彩春装。夏米叶依旧是当年那个满是艺术气息的男子，他送给三毛一大束玫瑰，还帮她偷走了母亲看得很紧的宝物——荷西的相册。

就这样，她一路走走停停，赏旖旎风光，偕朋友亲情，足足用了一个多月，才登上大加纳利岛。

回到家，她匆忙放下行李，直接赶赴那座荒凉的死亡孤岛——拉芭玛。诚然，她并不喜欢这里，这座带走丈夫的岛屿是她一生的噩梦，但她还是要马不停蹄地赶赴，因为她的荷西长眠于此。

她向着丈夫奔去，一路洒落最殷切的呼唤："荷西，我永生的丈夫，我守着自己的诺言千山万水的回来了，不要为我悲伤，你看我，不是穿着你生前最爱看的那件锦绣彩衣来见你了吗？"

她冲到丈夫的墓前，却惊见这里一片荒凉，完全不复离时模样。时隔半年，她亲手钉上的十字架已如朽木，荷西的名字和墓志铭，也已淡得看不出。在自己离开的日子里，时光的痕迹如此明显，她心戚戚，只觉荷西的等待如此寂寞。

望着荷西荒芜的墓，三毛只觉心痛，痛得万箭穿心。她扑倒在旁，如往常一样亲吻他的名字，嘴里呢喃着自己的思念和抱歉。

她去商店买了鲜花，插在装满清水的瓶子里，她还买了黑色的粗芯签字笔和淡棕色的亮光漆，在炎热的午后细细装饰荷西的墓。

"荷西·马利安·葛罗。安息。你的妻子纪念你。"她一点一点描绘荷西的墓志铭，像在描绘自己的心情。十字架，木栅栏，她一遍一遍粉刷着油漆，认真细致，神色安详，就像是在做最寻常的家事，没有悲伤，也没有眼泪。

她如是说："荷西，那么让我靠在你身边。再没有眼泪，再没有恸哭，我只是要靠着你，一如过去的年年月月。"

做完所有的事情，她又飞回了大加纳利岛，在那个风光依旧的海边社区，开始世外桃源的日子，也开始孤独的隐居生活。

西沙在三毛的访谈中曾经写过这样一句话："她是完完全全的没有一个亲人，住在这个天之涯地之角的大西洋海岛，而她的海滩更是荒凉如死，这样的隐居对她仍然年轻的生活合适吗？"

合适吗？三毛并没有想过这个问题，在那个当下，她只想守着荷西，守着过去的回忆。

她卖掉了海边的花园别墅，搬进附近的一座两层的宅院小楼生活。那是一个别致的小楼，有着很美的庭院，它一半草坪，一半砖地，中间还有一棵高大茂盛的相思树。站在窗台，三毛每每看到枝丫重叠着垂在腰际的大树，就会生出缠绵的相思意。

她的房间有着大而明亮的窗，正对美丽的海景画。蔚蓝的天，缥缈的水，还有嫩绿缠绵的枝丫，尽管三毛看过千遍万遍，依旧觉得如诗般醉人。她在窗前放了一把褐色的摇椅，每每星辰满天，她就会坐在这里，吹一曲满是相思的曲目——《甜蜜的家庭》。

有时，会有远方的朋友前来看她，比如夏米叶，比如仰慕她的作家西沙，而她自然也是热情欢迎的。她会买大束的鲜花，亲自去机场迎接，她会精心布置房间，帮朋友烹饪美味的佳肴。相依窗前，把酒言欢，环岛旅行，为友作画，这是朋友面前的她。

而在无人来访的日子里，她就会把所有的精力都放在房间的装饰和庭院的整理上。荷西不在身边，所有的活计都要她自己动手，哪怕是搬重物、接电线。有些太苦太累的活她根本做不来，但她还是硬着头皮去做，因为那个可以去依赖的人，已经不在。

思念侵袭，她也会有忍不住的时候。于是乎，她会在“荷西，荷西，我再不能了”的呼喊中放声大哭，空荡荡的房间，那百转千回的哭声，有着放不下的期期艾艾。

逝者长已矣，但她还是忘不掉这个叫作荷西的男子。哪怕守着寂寞，她也要在回忆里与他相遇。

3 踏遍万水千山

在大加纳利岛，她静静地生活，静静地守着寂寞。

一个奇异的海滩，一个纯白色的住宅，远处峥嵘的礁岩和冲击的巨浪就像电影《珍妮的画像》里的镜头。对于她的隐居生活，崇拜她的作家西沙如是描述：“这是一个咆哮的海滩，即使在如此明亮的阳光下，它仍是雄壮而愤怒的。奇怪的是，我在那儿坐了近乎两小时，竟然连一个人影都未看见。”

是的，这是一个咆哮的海滩，更是一个寂寞的海滩。那日，她与父母通话，当她听到母亲声音的一刹那，一句话直接脱口而出：“妈妈，我要回家了。”

她说，心愿已了，何处也可成家，倒不一定要死守在这个地方了。或许，漫长的隐居生活已让她心境开阔，又或许，她只是厌倦了，厌倦了永无止境的寂寞。无论悲伤还是欢乐，最经不起时间的消磨，尽管它们在消磨殆尽时，依旧会像远钟那般，时常发出不灭的回声。

她如是说：“离乡又回乡，同时拥有两个故乡的人，本当欢喜才对，为什么我竟不胜负荷？这边情同手足，那儿本是同根。人如飞鸟，在时空的幻境里翱翔，明日此时我将离开我的第二祖国，再醒来已在台湾，那个我称她为故乡的地方。”

她回去了，从大加纳利岛回到中国台湾。一边是不问世事，一边是滚滚红尘，出世入世间，她在两种人生间来来回回，突然就明白过来，亲情和爱情都是自己难以割舍的牵挂。

台湾是鲜花和掌声簇拥的地方，作为一个当红的实力派作家，她逃不掉又热又浓的喜爱和欢迎。在与世隔绝的海岛之上，她因为寂寞不堪重负，但是，来到热闹的台北，她又不堪各路喧嚣，她自嘲地说：“回到台北不过三四天，一本陌生的记事本就因为电话的无孔不入而被填满到了一个月以后还没有在家吃一顿饭的空当。”

人就是这么奇怪的生物，闹的时候嫌吵，静的时候又嫌太过寂寞。古人信奉中庸二字，凡事都讲究适可而止，三毛不过是想做一个普通人，有爱有希望，有热闹也有安宁，如同荷西在时那样。

只是，荷西不在了，所以她丢了自己。

她是台北的小太阳，在各大饭局间不断穿梭，她不堪喧嚣，只想混迹于人群中，追求片刻的安宁。

于是，在暮色的掩护下，她爱上在国父纪念馆前的广场上滑旱冰的感觉，她说，“埋头滑旱冰，不知什么时候，奇异地向前看一眼，惊见那竟是自己的故乡，光芒万丈照亮了漆黑的天空”。

独自在家的时候，她会将房门紧闭，在独立的空间下听听音乐，发发呆，做做针线活，回忆回忆往事。她开玩笑地说，自家这幢里面打通的公寓是一座古堡，而自己一个人，就像16世纪的鬼也似的在里面悄悄地坐着啃指甲。

在台北，她还结识了许多文人墨客和其他各界人士，其中也不乏两三挚友。在一场饭局中，她结识了体育界的名人纪政，一见如故的两个人颇有惺惺相惜之意。后来，经由纪政引见，她又结识了《联合报》的负责人王惕吾先生，因为他的资助，她踏上了南美寻梦之旅。

1981年11月，她和美籍摄影师助手米夏一起飞抵墨西哥，她的老朋友约根正在机场迎接她的到来。约根是驻墨西哥的外交官，他爱了她很多年，但她并不喜欢他的做派，她如是说：

> 约根没有柔软而弹性的胸怀。在阶级上，他是可恨而令人瞧不起的迂腐。奇怪的是，那么多年来，他爱的一直是一个与他性格全然不同的东方女孩子。这件事上怎么又不矛盾，反而处处以此为他最大的骄傲呢？

有人说，约根就是她留学时的那位德国男友。当然，这样的说法并没有三毛的证实，为了掩盖其身份，关于他的文字，她都只冠以约根这个名号。

初到墨西哥，她在约根的盛情邀请下，住进他的豪华别墅。但是，当她看清华美宴会背后的奢靡与不堪，便立即搬了出来，住进街头的旅馆，她说，这才是自己爱的旅行方式。

她在地下、车里看往来不息的墨西哥人，他们“扁脸、浓眉、大眼、厚唇，不算太清洁，衣着鲜艳如彩虹，表情木然而本分”；她参观世界最周全的国家人类学博物馆，随导游在拥挤的人群中走马观花；她去看烈日下的金字塔，却被小贩、游览车以及大声播放的流行音乐搞得心神不宁……

这并不是一处干净纯朴的风俗地，但那又怎么样呢，她所要的旅途，是最真实的模样。

离开墨西哥，她又去了贫穷幽暗的洪拉斯，有“中美洲瑞士”之称的哥斯达黎加、美式风格的巴拿马、不按常理出牌的哥伦比亚，以及银湖之滨厄瓜多尔、雨原秘鲁等国。一路上，她走遍万水千山，留下了一篇篇游记，这是她对旅程的所有纪念。

三毛一直坚信自己的前生是个印第安女人。在撒哈拉的时候，沙漠炽热的阳光将她的皮肤晒成印第安的黑棕色，再加上她总是像印第安女人那样扎一对麻花粗辫子，便有人说她像印第安人，于是乎，她更加深信不疑，甚至为自己杜撰了一个印第安前生的故事。

而这一次，为了追寻自己的前世今生，她在进入厄瓜多尔中部的安第斯山脉时，设法支开米夏，独自走入一个印第安人的村落，开始印第安的风俗生活。

她住没有窗户的砖房，睡玉米叶堆上的席子，吃平底锅做的玉米饼，喝燕麦牛奶煮成的稀薄的汤，她去湖边草地上放羊、拾柴火，在太阳底下穿玻璃珠子，帮房主吉儿汲水、喂猪……她做着传统印第安女人所做的所有事情，竟然觉得自己真的找到了前世的归宿。

当米夏来寻她的时候，屋内有大镜子的印第安男人正帮她梳头发。岁月安稳，现世安稳，她和村落的每一个人告别，恋恋不舍地坐上湖边的汽车，离开。她说："但愿永不回到世界上去，旅程便在银湖之滨做个了断，那个叫做三毛的人，从此消失吧！"

1982年5月，三毛结束漫长而多姿的中南美洲之旅，回到现世的台湾。几日后，她身穿印第安服饰，在国父纪念馆发表演讲，有声有色地诉说一路旅途的非凡故事。

踏遍万水千山，醉心印第安的三毛，找回了从前拥有热情的自己。

4 枯萎的灵魂在文字里复生

有人说，有信仰的人运气不会太差。是的，三毛是个有信仰的人，只是她的信仰不是宗教，而是文字。

荷西惨死，她遭遇了人生最大的感情挫折，这挫折让她崩溃，让她一度想到自杀。因为父母的爱，她选择在痛苦中活下去，但是，因为少了对未来的憧憬，这样的存活让她愈发痛苦。

那么，是什么解救了她的痛苦呢？答曰，文字。

犹记得，少女时代的三毛封闭自卑，是文字给了她情绪宣泄的出口。此次亦是如此，荷西离开后，如果还有什么能够唤起她的热情，拯救她枯萎的灵魂，答案自然不言而喻。

从1979年9月荷西溺水丧生，到1991年1月她自缢解脱，三毛共出版了《梦里花落知多少》《背影》《万水千山走遍》《送你一匹马》《倾城》《谈心》《随想》《我的宝贝》《闹学记》《兰屿之歌》《清泉之歌》《刹那时光》十二部作品集，《三毛读书》《流星雨》《阅读大地》三部有声书，《滚滚红尘》一部影视剧本，以及与人合作的《昨日、今日、明日》《泥土·牛》等多部集子。

从创作数量来看，三毛在这段时间创作的作品，几乎是雨季文学时期和沙漠文学时期的总和。另外，她所选取的题材也更加丰富多彩，除了原有的小说、散文和零星的诗歌创作意外，她还在文学评论、电影剧本以及有声出版物等领域做出新的尝试。

这是她创作的晚期，有人将其称作都市玉冰文学时期。陈嗣庆说："她是夜市里站着喝爱玉冰的人。"夜市，爱玉冰，她文学生涯晚期的文字，依旧优美灿烂，如同爱玉冰一样好喝，只是夜市上的爱玉冰毕竟迟了些，她的文字也染上了寂寥、落寞、婉丽、悲凉的调子。

《梦里花落知多少》和《背影》，是三毛都市玉冰文学时期最早的两部作品集，其中大部分作品都是写于她丧夫后隐居海岛的日子。那是她最悲痛的日子，她靠回忆取暖，靠文字抒发情感，因此，字里行间皆是尚未平静的巨大悲痛。

> 不要去想五年后的情景，在我的心里，荷西，你永远是活着的，一遍又一遍的跑着回家，跑回家来看望你

的妻。我靠在树下等油漆干透，然后再要涂一次，再等它干，再涂一次，涂出一个新的十字架，我们再一起掮它吧！我渴了，倦了，也困了。荷西，那么让我靠在你身边。再没有眼泪，再没有恸哭，我只是要靠着你，一如过去的年年月月。

我慢慢的睡了过去，双手挂在你的脖子上。远方有什么人在轻轻的唱歌——

记得当时年纪小

你爱谈天

我爱笑

有一回并肩坐在桃树下风在林梢鸟儿在叫

我们不知怎样睡着了

梦里花落知多少

（节选自《梦里花落知多少》）

在三毛的作品中，有许许多多类似的文字，这是她对生活的记录和对感情的直抒。

有人说，三毛这样的文字虽然不失才气和水准，但感情直抒和生活记录太多，便失了文学的回味，给人以缺少沉淀锤炼和不成精品的感觉。的确如此，这样的评价不失为非常中肯，但是，如果我们单纯站在一个女人的视角，对于灵魂枯萎的三毛，应该不忍心苛求太多吧。

那时的她，哪里还有气力去考量文字的锤炼度和可读性，她只是惯性地写着，以悼念心中挚爱，以慰藉抹不掉的伤。

文由心生，字如其人，荷西去世后，三毛寂寥落寞，文风自然婉丽悲凉。有人说，三毛的孤独，是文人式的孤独，是孤独者的孤独。是的，她的孤独是如此纯粹，她的文字也是如此纯粹。

在中南美洲旅行期间，她陆续写了一系列的游记，并被全部收录在《万水千山走遍》一集中，这是她今生唯一的游记文学集。在撒哈拉，三毛也写过零星的游记，如《逍遥七岛游》《马德拉游记》，这些游记中的她，只是个游山玩水的纯情女孩。而《万水千山走遍》中的她，却化身成为沉静的成熟女性，用心灵细细咀嚼旅行的意义。

经历让人成长，心境让人成熟。这时候的三毛，虽然没有完全走出丧夫的阴影，但时间还是沉淀了许多悲伤，她又有了接触新生活的兴趣，再不会固执地钻进思念的牛角尖。

少了荷西，文字在她生活中扮演的角色越来越重，甚至一度成为所有的支撑。那是1984年的春天，她停止了所有的活动，将整颗心都放在文学创作之上。

她不吃饭，不睡觉，不接电话，不看报纸，除了写作，一切都成了可有可无的事情。后来，她的母亲回忆说："她那铁门关得紧紧的，不肯开，我就只好把饭盒放在门口，凄然而去。有时第二天、第三天去，那以前的饭还在外面，我急得用力拍门，只差没哭出声来。"

她的父亲也心疼地说："女儿写作时，非常投入，每一次进入情况，人便陷入'出神状态'，不睡不讲话绝对六亲不认——她根本不认得了。"是的，这就是三毛，一写起作来，便成了疯子，生死不明。

有一次，她坐在地上，一动不动地奋笔疾书，一写便是七天七夜。在这七天七夜里，她没有躺着睡一下，甚至连短暂的闭目养神都不曾有过。七天后，终于写完的她，径直倒在地上没有起来，许久过后，她才满是疲惫地问母亲说："今天几号？"

就是在这一年里，她完成了《倾城》《谈心》《随想》三本书的写作，还翻译了丁松青神父十二万字的《刹那时光》。其中，《倾城》是这几本书中最优秀、最出色的一本，也是三毛都市玉冰文学时期公认的一块瑰宝。

《倾城》主要包括九篇作品，分别是《胆小鬼》《炊兵》《匪兵甲和匪兵乙》《约会》《一生的爱》《紫衣》《蝴蝶的颜色》《倾城》和《夏日烟愁》。这些作品大多取材于她的童年时代、少年时代和青年时代，这些美好的往事，是她一生回味的绚丽彩虹。

有人说，当一个人开始喋喋不休地回忆过往的美好岁月，那她（他）已经苍老了。这一年，三毛未满四十，但她觉得自己活过了好几个漫长世纪。无论外表如何光鲜，她苍老的是心。

我笔写我心，唯有文字，让她苍老的心脏复苏跳动，让她枯萎的灵魂重现生机。

我们的三毛6

有很多人批评三毛，认为她只是在自己的小天地作梦，我不以为然。基本上，文学创作是一个人性灵升华的最高表现，她既能升华出这样的情感，就表示她有这样的层次，比起很多作家，我觉得她在灵性上要高出很多。

——演员胡茵梦

第九章

梦里花落·不要问我从哪里来，我的故乡在远方

1 于静默中刻下千万次的痛

台北，滚滚红尘的喧嚣地。她每次回来，待不几日便想拂袖而去，只是荷西已逝，再没有人在荒美的海边，伴她到天荒地老，除了这里的父母亲情，她已无可追寻。

自南美洲旅行归来后，万水千山走遍的她，应张其昀先生的邀请，前往文化学院任教。深陷红尘，她只想在台北寻找一方净土，坐落在华冈山上的菁菁母校，无疑是绝佳的选择。

正式任教之前，她回了一趟大加纳利岛，在最爱的丈夫坟前倾诉衷肠。一次去，一场沧桑，三毛说，失乡的人是不该去拾乡的，如果心里还有情，眼底尚有泪，那么故乡不会只是地理书上的一个名词。

犹记得，上次告别海岛时的百般滋味。数峰清苦，商略黄昏雨，燕雁无心，太湖西畔随风去，本来便是失眠的人，决定回台后，更是一夜睁眼到天亮。往事如梦，不堪回首，少小离家的人，早已将家安在飘摇的孤岛之上，那儿才是她真真实实的生活与爱情。

多少次午夜梦回，三毛害怕到无法呼吸，因为梦中的自己重返岛上后，却无论如何都找不到那座常去的孤坟。她扑跌在大雪山荻伊笛的顶峰，将十指挖出鲜血，依旧翻不到相依为命的那个人。她说，中国是那么远，远到每一次归去，都觉得再回来的已是百年之身。

有时候，她也会暗暗对自己说，别离必然是疼痛的，那就不要回去好了，不必在情感上撕裂自己。只是她做不到，梦中一样可以望乡，但梦醒的时候又是何堪？

这就是所谓的情难自禁吧。她情不自禁地回来了，哪怕只是拂去卧室的灰尘，帮荷西拔拔坟头的青草。

她突然想起一位海岛朋友所说的：“我知道你最深，不担心你远走，喝过此地的水就是这儿的人了。你必回来。”是的，她回来了，人如飞鸟，在时空的幻境里翱翔，当她醒来的时候，已身在大西洋的怀抱，那是她的第二故乡。

一场归旅，来去匆匆。她站在久违的窗口看明媚海景，她为荷西粉刷十字架，指尖温柔拂过他的名。原以为一切都已放下，然而，当她踏上这片久违的土地，说不清道不明的情愫便再次袭来，让人止不住潸然泪下。

在静默中刻下千万次的疼痛，她忘不了荷西，忘不了戚戚然的自己。站在墓前，她深深凝视粉刷一新的十字架，用缠绵的眼神倾诉告别的不舍，她又要走了，回到台北的滚滚红尘里。

1982年9月，三毛登上华冈文化学院的讲台，全身心投入教书中，在她眼里，教学是一件有耕耘、有收获，又有大快乐的事情。

她在中文系文艺创作组，教授“小说研究”和“散文习作”两门课，每周一共四个小时。这样的教学安排是颇为宽松的，但她却总是忙忙碌碌，教得不亦乐乎。

她认真备课，每次都要翻阅15本书，她逐字逐句批改作业，甚至连旁听者的也不放过。她和同学们打成一片，为他们做笔谈，作性向调查问卷，以了解孩子们的兴趣、爱好、特长、出身背景和志向。她很喜欢这份工作，从中不断挖掘着非凡的人生价值。

她如是说：“我觉得一般孩子的文笔都很流畅，只是他们没有很踏实地到生活里来。不过慢慢总要出来的。我真喜欢这工作。不是我指引学生，而是在旁边启发他，启发他最灿烂的潜能。这是一个老师很重要的工作。”

授之以鱼不如授之以渔，做老师，不只是传授知识，更要传授学习的方式和方法。无疑，她是一个深受学生爱戴的合格老师，每每讲课，慕名而来的学生，就像是装在大肚小颈瓶子中的软糖，一颗颗不断溢了出来。

因为喜爱《红楼梦》和《水浒传》，三毛还开了这两部小说的研究课。课堂之上，她讲小说的起承转合，讲诗词的独特韵味，她讲人性和宗教，讲生活的沧桑和社会的纷杂，她怀着一颗赤子之心，将毕生所学通通奉献给学生，这是属于教师的情怀。

对于自己喜欢做的事，三毛是非常富有献身精神的，全然不会顾惜自己的身体。这一次也是如此，拿批改作业来说，同学两千四百字的作业，她竟然可以圈点评论两千三百多字，这样的认真，着实让人发指，也着实足以将自己累垮。

1984年，三毛病倒了，不得不赴美进行手术疗养。从美国返回后，她的健康已不能和过去同日而语，只得离开自己热爱的讲台，之后，她开始全身心投入文学创作之中。

不眠不休的写作，让她完成了一部部伟大的作品，也让她本就不堪的身体更加不堪。她患上了神经衰弱，记忆力严重丧失，甚至有时不知道家在何方，无奈之下，只得于1986年年初再次飞往美国静养，在西雅图静静等待华盛顿州明媚的春天。

她待在小小的公寓，用电视机消磨冬日时光，后来，深感无聊的她干脆找了一间学校，随便学点英语打发时光，虽然她的英语水平很好，压根没有学习的必要。

其实，她只是想找一个有趣的游乐场所。因此，第一天进教室，她就对老师说："我不想考试，如果你想要我考试，那我就说再见。"

就这样，她混过了寒冬。春暖花开的五月，她停止闹学，飞回台北。烈日炎炎的七月，她又急急飞往大加纳利岛，这一次，是为了诀别。

阔别两年，这座隐世的孤岛，依旧是当年模样，然而物是人非，她失了荷西，也再找不回当年快乐无忧的自己。匆匆来，匆匆去，她登了广告，卖掉美丽的小楼庭院，她一件件整理东西，把带不走的家具、衣服、工艺品，通通送给当地的邻居朋友们。

睹物思人，这一件件，载满她的回忆、荷西的回忆，以及她和荷西的回忆。她整理着，回忆着，不知不觉已泪流满面，她不舍得，不舍得将时光的纪念品赠予他人，不舍得离开满载甜蜜回忆的岛屿。时过经年，她依旧放不下这一切的一切。

她最后一次去了墓地，最后一次抚摸他的名字，最后一次拥抱十字架，就像拥住丈夫伟岸的身躯。

“荷西，我要走了。荷西，再见。荷西，你的妻子永远纪念你。”她流着泪，说出最后的告别，她要走了，再不会回来。

2 寻找前世的乡愁

1987年，台湾当局宣布，准许台湾部分居民回大陆探亲。此禁一开，全岛欢庆，三毛也是欣喜若狂，碰见人就大叫大喊：“我们可以回大陆了！”

离开大陆那年，她只是5岁的幼童，尚在襁褓之中，因此，她对大陆并没有太多印象。然而，她说，“血浓于水”，她对回大陆探亲的兴趣，比父亲陈嗣庆还要来得更强烈些。

1988年春，陈嗣庆当年在南京的老同事倪竹喜先生从浙江舟山寄来信笺，三毛知道后大为兴奋，很踊跃地代父回信说，自己将于翌年返回大陆，代表父亲看望故友乡亲。

之后，她又通过在《长沙日报》工作的外甥女袁志群，给《三毛流浪记》的作者——著名漫画家张乐平老先生捎去了一封信。在信中，她如是写道：

我切望这封信能够平安转达您的手中，在我三岁的时候，我看了今生第一本书，就是您的大作《三毛流浪记》。后来等到我长大了，也开始写书，就以‘三毛’为笔名，作为您创造的那个三毛的纪念。在我的生命中，是您的书，使得我今生今世成了一心爱着小人物故事的人，谢谢您给了我一个丰富的童年……

当时，张乐平先生已年过八十，并且患有帕金森综合征，正在上海东海医院疗养。收到三毛的信件，他是意外的，却颇为高兴，他口述了一封回信，并用病得颤巍巍的手，艰难地画了一幅漫画中三毛的形象，一同赠予海峡对岸的三毛。

一来二往，一老一少的通信渐渐频繁，感情也在不断升温，在第三封信中，三毛已经开始亲切地叫他“爸爸”。另外，随信而去的还有一张自己的照片，背面写着：“你的另一个货真价实的女儿。”

对待三毛，张乐平也是动了感情的。他如是说：“能在晚年认上这么个‘女儿’，应该是我一生中的一件快事了。我多子女，四男三女，正好排成七个音符，这一回，三毛再排上去，是个‘1’，是我家的‘女高音’。”

1989年，三毛如期返回大陆，探寻前世的乡愁。只是，她的行程起了些许变化，她先去了上海，迫不及待地去探望自己的新爸爸。

那是1989年4月5日，三毛和张乐平的四儿子张慰军，一起走出薄暮中的上海虹桥机场，然后驱车前往徐家汇五原路的张家。下车进巷，她一眼便看到了张乐平老先生，尚在病中的他，竟然顶着寒风，亲自来到家门口迎接！

她赶紧跑过去，一把抱住张老，泣不成声地说："爹爹，我回来了……"

在张家，三毛只待了短短五天。五天里，她和张家人逗笑谈心，相处非常愉快，张乐平对这个平白捡来的女儿，也是非常喜欢："她的性格、脾气、爱好，像谁呢？看她那多情、乐观、倔强、好胜、豪爽而又有正义感、有时又显出几分孩子气，这倒真是我笔下的三毛。"

三毛如是说："我原来一直有一点困惑，为什么一个姓陈，一个姓张，完全不相干的两个人，又隔了四十年的沧桑，竟会这样接近和沟通。现在我明白了。我和爸爸在艺术精神与人生态度、品位上有许多相似之处，所以才能相知相亲，不仅能成父女，还是朋友、知己。有这样的爸爸，这样的家庭，我感到幸福。"

缘分真是奇妙。他和她，虽然隔着千山万水和血缘洪流，但他们还是成了父女，不是亲生，胜是亲生。

三毛是个感性的人，穷极一生，她一直都在流浪，寻根便成了最虔诚的信仰，而在这里，她真的找到了前世的乡愁。她的父亲陈嗣庆这样说道："我看着这个越来越中国化的女儿，很难想象她曾经在这片土地上消失过这么久。"

这是三毛第一次归乡，自此以后，大陆便成了她心中久久不能释怀的情愫。所以，在1990年的秋天，她又安排了一次大陆行。这一次，她提前制定旅行路线，并只买了单程机票，雄心勃勃地做好长时间遨游的准备，她甚至对一位朋友说："说不定我就不回来了！"

祖国梦，祖国情。她登了世界屋脊，观过浩浩长江，尽赏北国风光，她踏上丝绸之路，游过莽莽西北，一睹五彩敦煌，她飘过巴山蜀水，荡过碧海滔滔，共剪西窗泪烛。这一路，她耳清目明，整颗心被洗涤得干干净净，不染丝毫尘埃。

三毛出生在四川，她的前世乡愁之旅自然少不了成都。她说："成都是一块与众不同的温柔之地。城市有气派，整洁。我在这里第一次吃到那么多的好菜，这里的百姓文化素质高，待人真诚，热情。我很喜欢这里。"

是的，她很喜欢这座城市，喜欢这里的风土人情。在这里，她布衣素颜，走街串巷，看看古老的巴蜀院落，听听老人的四川话家常。她随遇而安，累了就坐下歇歇脚，饿了就吃点街头小吃，渴了就进茶馆喝碗盖碗茶，她喜欢这样闲适的生活。

离开成都时，她居住的饭店请她留言，这个毫不矫情的女子大笔一挥，写下心底的依依不舍："不肯去，不肯去。"

不肯去，不肯去，她已醉在旅程里……

3 光影里的百态人生

有人说，三毛是属于山河，属于文字，属于爱的。

三毛是一个有爱情的人。她如是说："这是我的爱情观，今天虽然我的婚姻终止了，但是爱情不死。生和死有爱就隔不开，所以我有爱情，有我丈夫的爱情。"

起初不经意的你，和少年不经世的我，红尘中的情缘，只因那生命匆匆不语地胶着。滚滚红尘间，爱有真永恒，因为荷西，爱情长存在三毛心间，那是她一生最珍惜的财富，可以付诸笔尖的财富。

1990年，她创作了《滚滚红尘》，这是她人生中第一部电影剧本，也是唯一一部。她说，诚如一般而言，人的第一部作品，往往不经意地流露出自身灵魂的告白。

对于电影剧本创作，三毛最初的时候是拒绝的，她在华冈山上教书的时候，曾在文章中公开反对好友琼瑶进军电影圈：

“你再拿自己去拼了电影，你拼了一部又一部，不懂享受，不知休息，不肯看看你的大幅霓虹灯闪在深夜车区的台北高墙上时琼瑶成功背后那万丈光芒也挡不住的寂寞。”

1986年前后，著名导演严浩读了三毛的小说《哭泣的骆驼》，她认为这是改编成电影的好材料，于是便动了请三毛写电影剧本的念头，但三毛都以种种理由推掉了。

严浩并没有放弃。1990年，她约了林青霞和秦汉，三人一起把三毛请到了餐馆。然而，就算是集体劝说，三毛还是没有轻易承诺，只推说自己要去欧洲旅行。

这天，她虽未满足三人愿望，酒却并没少喝，微醺处竟生了醉意，一失脚直接从家里的楼梯上跌了下来。这一跌，她摔断三根肋骨，并且还有断骨插进肺里，足足住了一个多月的院。

三毛病愈后，严浩、林青霞、秦汉三人与她再度相聚于餐馆，不同的是，这次是她作东。原来，辗转病床时，她写了一个名为《滚滚红尘舞天涯》的剧本，即后来为我们所熟知的《滚滚红尘》。

看过剧本后，严浩三人都受了很大的感动，林青霞和秦汉更是当即表示，愿意出演这部戏。这对三毛来说，自然是莫大的安慰，因为倾注了很苦的心血：“痛切心肺的开始，一路写来疼痛难休，脱稿后只能到大陆浪漫放逐，一年半载都不能做别的事。”

这是一个凄凉动人的爱情故事，女主角沈韶华是上海富家女，然而母亲早逝，父亲和继母对她并无太多的亲情。最初，她爱上家境贫寒的穷小子小健，却因为父亲的强烈反对被囚禁在家。她割腕自杀，以死反抗，奈何反抗无效，生在这世间，连死去都由不得自己。

韶华被救活不久，她的父亲死了。就这样，她逃离了家庭，重新拥抱自由。然而，那时的小健已离开上海。

她开始独自生活，以写作为生，就是这时，一个颠覆她整个生命的男人出现了，他叫章能才。章能才是汪伪政府上海维持会的高级文化官员，他很欣赏韶华的小说，便专程登门拜访，一来二去，产生感情的两个人开始同居，爱得醉生梦死。

一个作家，一个汉奸，他们的爱情并不受世人祝福。杂志社的编辑谷音和老古夫妇，他们喜欢韶华，也看好韶华的作品，却反对她和章能才交往。她最亲密的好友月凤也是如此，当月凤觉察到章能才的汉奸身份后，便离开了她。

在那个战乱的年代，相爱并不是件容易的事情，相守却更难。虽然，他们也曾欢天喜地，也曾举案齐眉，短暂的交往却让狭小的房间更显局促。1945年，日本投降，章能才因汉奸身份落荒而逃，藏身荒凉小镇，韶华也受了牵连，不仅被抄了家，还遭人痛打。

只是韶华并没有放弃，爱情让她发了疯——她怀着巨大的虔诚，坚定地携带着全部家当，长途跋涉去投奔他。但讽刺的是，迎接她的爱人，不仅穷困潦倒，身边还多了另一个她。

深爱之人如此不可靠，韶华的爱情，连同写着生辰八字的信札，注定随一把火燃烧殆尽，空留余灰。

1949年，解放军的轰轰炮火，吓怕了困守南京的人们。就是这时候，一直爱着韶华的余老板买了两张开往台湾的船票，他想去那里，和她结成永远的夫妻。然而，他的梦落空了，因为她又遇见了章能才。

当她看到章能才无声的口形，那简简单单的“我爱你”，让她甘愿放弃逃离，断肠也愿意。一切都不重要了，只要他爱她，她便愿意抛弃自己，抛弃全世界，于是，她将自己的船票给了他，独自留下来，甘愿承受所有的纷纷扰扰。

章能才走了。舱门关上的刹那，韶华流下最后一滴热泪。

章能才走了，余老板并没有走，为了心爱的女子，他跳下了已经缓缓移动的船。爱情就是这样伟大，有人愿意放弃一切陪她，爱情就是这样无奈，愿意放弃一切的，从来不是挚爱的那个他。

光阴流转，一别四十年。四十年后，章能才返回大陆，户籍部门告诉他韶华已死，只留下一本小说《白玉兰》。在小说中，她如是写道：“生下娃娃的那一夜，月亮白白的，照着孩子，好像月娘娘送来的凤凰一样，就叫她月凤好了。”

韶华易逝，流年残损，属于他们那一代的故事就此完结，唯一庆幸的是，她用美丽的文字，定格时光。

这就是三毛笔下的《滚滚红尘》，这就是光影流转下的百态人生。她如是说：“这确实是一部好戏。古人说，曲高和寡。我们希望这部戏能有一个飞跃：曲高和众，既叫好又叫座。”

有人说，这样的故事完全就是张爱玲和胡兰成嘛！诚然，一个作家，一个汉奸，这里多少有着俩人的影子，但韶华绝非爱玲，她是温情的，一如三毛，完全没有爱玲的冷傲气场。

三毛如是说："作品中的韶华，是内向的我、内在灵魂的我。里面的月凤，是外向的我，我把自己分成两个女人，借编剧，在两个女人的个性里面，偷渡我自己的灵魂。"

草木也知愁，韶华竟白头。我看到过一句话：韶华的前半生是爱玲，后半生是三毛。仔细回味一下，这样的说法不无道理，韶华爱上汉奸，正如爱玲爱上胡兰成，韶华孤身留在大陆，一如荷西死后的三毛。我笔写我心，三毛的每一篇故事，都脱不了自身的影子。

4 像风一样离去

三毛是爱着这个故事的，她的第一个中文剧本。

有些作家将作品视为自己的孩子，三毛也是如此。虽然刚开始的时候，她对剧本创作十分抵触，但写则写矣，她自当全力护孩子周全。

《滚滚红尘》投入拍摄后，三毛也积极参与，她不仅越俎代庖地帮导演设计镜头，还想要扮演月凤的角色，后因严浩的反对才算罢休，但三毛认为，严浩弃自己而选影星张曼玉，是为了打美女牌。

电影摄制完毕后，三毛和导演、演员们一起，投入紧张的影片宣传活动。短短七天之内，三毛上了八次电视，接受新闻界采访二十八次，再加上目不暇接的各式应酬，她为了电影，可谓大拼其命。

对此，她的大陆爸爸张乐平心疼地说："这次赴港为她创作的《滚滚红尘》作宣传，一周之内做了二十多次，上了八次电视，晕倒了，用万金油涂醒后再继续工作。我在香港工作的儿子送去三盒饼干，竟成了她的三餐！"

尽管如此，三毛的拼死拼活并没有换来高票房。不过还好，行家们自有行家的眼光，不久后，《滚滚红尘》获得台湾电影金马奖十二项提名，自称不爱竞争的三毛，不得不和她的电影一道，跌入激烈角逐的滚滚红尘之中。

金马奖是台湾电影界的最高奖项，在亚洲地区也占有一定地位，因此，十二项提名的战绩对三毛来说自然是极大的肯定。只是，三毛没有想到，自己用心写就的作品，竟然会惹上一身政治祸。

当时，有台湾当局背景的《香港时报》连续六天发表文章，激烈抨击《滚滚红尘》美化汉奸，美化左派学生运动，甚至还说片尾大逃难的场景，有故意侮辱国民党军队的嫌疑。

三毛竭力辩解，却奈何势单力薄。后来，"港九影剧自由总会"将抨击文字发给金马奖评委会，台湾新闻局电影处发表言论称"只要没有歪曲历史，就不便干涉创作理论"，"没有必要从意识形态的问题去攻击"。

三毛稍稍松了一口气。但是，一波未平，一波又起，有人说，影片是根据女作家张爱玲和胡兰成的恋爱故事改编的。对此，三毛坚决否认，并在《新闻周刊》上宣称：《滚滚红尘》与张爱玲无关，而是取材于蒋碧微、徐悲鸿、张道藩的故事。

此言一出，又是一通腥风血雨。徐悲鸿的儿子、时为台湾音乐评论家的徐伯阳当即抗议，指责她“诽谤中伤，是无天理”，并且，他还聘请了律师，准备起诉。

1990年12月15日，金马奖评选结束，《滚滚红尘》包揽最佳导演、最佳剧情、最佳女主角、最佳女配角、最佳摄影、最佳音乐、最佳美术设计、最佳造型设计八个奖项，却单单少了最佳编剧奖，这大大挫伤了三毛的心。

庆功晚会上，大家都很有兴致地张罗合影，冷在一旁的三毛落寞地说：“你们都得了奖……”话音未落，她便被大伙拉了进去，亲亲热热地合了影。

台上领奖时，影片投资人许枫这样为三毛说话：“如果没有最佳编剧，亦不可能有最佳的电影。”三毛听后内心一暖，下台后她立即搂着许枫说：“你刚才在台上讲的话令我很感动，我好想哭！”

这就是三毛，性格简单而直接。她从不肯矫饰生命中的悲喜，只是单纯地用她云一般的生命，舒展成为随心所欲的形象，无论那关乎生命的感受，是甜蜜还是悲伤。

1991年1月2日，体弱多病的三毛住进了台北荣民总医院，这次的病因是：子宫内膜肥厚。这并不是什么大不了的重病，更非绝症，只是谁也没有想到，她竟然在荣民总医院的小小病房中，结束了自己如花般美丽的生命。

躺在病床上，三毛说了这样一句话：“我的一生，到处都走遍了，大陆也去过了，该做的事都做了，我已没有什么路好走了。”这或许就是一种预兆吧，预兆生命走到了尽头。

当时，她还告诉母亲自己产生了幻觉：“床边有好多小孩跳来跳去，有的已长出翅膀来了。”三毛是个想象力非常丰富的女人，以前也时常会出现幻觉，因此，她的母亲并没有觉察到什么不正常。

1月3日上午，大夫为三毛做了手术，切除掉子宫内膜肥厚部分。这是个小手术，整个过程都非常顺利，之后，她年迈的父母一直守在病床前，寸步不离。

时间到了晚上八点，三毛对父母说：“我已经好了，没有病了，你们可以回家了。”父母见她确实没有什么大碍，便真的离开了，据陈嗣庆回忆，分别时的三毛没有说什么特别的话，也没有丝毫异常。

然而，三个小时后，母亲在家里接到三毛的电话，两人语调平淡地交谈一会儿后，三毛忽然很大声、很急切地说了一串宛如独白的话，她说：“那些小孩又来了。”

母亲知道，那是幻觉，便如是回答：“也许是小天使来守护你呢。”三毛听后凄然一笑，挂断了电话。

据荣民医院的工作人员回忆，那天晚上十一点多的时候，三毛房间的灯还亮着，她告诉夜班护士说，自己的睡眠状况很不好，希望不要在夜间打扰她。

1月4日早上七点零一分，医院的清洁女工走进她的病房准备打扫，却意外看到了惊吓的场面：病人三毛用一条咖啡色的丝袜，吊死在卫生间里！

她一身白底红花睡衣，脖子上尼龙丝袜的吊痕深而明显，由颈前直接延伸到两耳旁。她舌头外伸，眼睛微张，血液已沉入四肢，呈现灰黑色。经法医鉴定，三毛系自缢身亡，死亡时间1月4

日凌晨2点。

她自缢的地方是卫生间的马桶上方，那里是安有护手的。如果三毛尚存一点求生念头，都可以抓住扶手保住性命，但她并没有，一心求死的女人，甘愿用如此极端的方式剥夺自己的生命。

后来，医院将三毛的遗体交给了陈嗣庆夫妇。当时，突如其来的丧女之痛，彻底压垮了这对夫妻，老泪纵横的两人凄凉地说："我很难形容我的女儿，我想，她一直感到很寂寞吧！"

琼瑶如是说："三毛对生命的看法与常人并不同，她相信生命有肉体和死后有灵魂两种形式，死对她来说并不可怕。我们应尊重她的选择，不用太悲哀。三毛选择自杀，一定有她的道理。"

是的，三毛一直有自杀的倾向，这种倾向从荷西去世就刻进骨子。哀莫大于心死，生无可恋，死亡于她或许是最好的归宿。

林青霞说："三毛的死，不但她的朋友感到十分难过，这也是文化界的损失。三毛曾说过很羡慕我和秦汉的恩爱，也很想找一个关心自己、可以谈心及工作上的伴侣，可惜一直未能找到理想的对象。对于死去的荷西，她仍然十分怀念。"

她怀念的，是荷西，是荷西身边的三毛。这一次，她是真的去了，像风一般离去，去与心爱的丈夫重逢，奔赴另一段浪漫之约……

后记

人生有若一场尘缘，来到世间，造下一段情孽，留下一串故事，其中的酸甜苦辣，各有各的耐人寻味。最后，生命终了，便是好了，了即是好，好即是了。

她是勇敢之人，自做勇敢之事。在她眼中，浮浮沉沉地活，不如痛痛快快地死，于是她决绝残忍地离开。命运画了一个圈，这一次，再没有什么可以把她阻拦。

有人说，自杀是懦者的做法，是逃避责任，逃避现实。是的，死亡并不可怕，而她却把死亡当成人生理所当然的选择，每个人都有选择生死的权利。当责任远去，当父母不再需要自己，她选择为己而死。

向生而生，向死而死，她终于解脱了，彻底离开这红尘滚滚的世间。如果人真的有灵魂，死后的三毛，定会幸福地拥抱天堂，而荷西，也定会在天堂的门口笑脸相迎！

永远的三毛，怒放的野蔷薇，天空没有留下飞鸟的痕迹，但她已飞过……

附录1
三毛大事年表

1943年

3月26日生于重庆市南岸区黄桷垭正街，取名陈懋平。

1946年

举家搬到南京，因“懋”字较难书写，自己更名为“陈平”。

1948—1950年

跟随父母来到台北定居，就读于台北中正国民小学。

1955年

遭受老师墨汁涂脸的侮辱，心灵蒙受重创，随后休学回家，不愿见人。

1956年

重新回到学校，但无法适应学校生活，后正式退学，期间学习写作、音乐和绘画。

1961年

拜顾福生为老师，学习素描和油画。

1962—1963年

在《现代文学》上发表处女作《惑》；在《中央日报》发表小说《异乡之恋》；在《皇冠》上发表小说《月河》，开始文学创作之旅。

1964年

得到文化学院创办人张其昀的特许，进入该校哲学系，成绩优秀。

1966年

在《征新新闻报》上发表散文《极乐鸟》，期间与学校的才子梁光明恋爱。

1967年

因提出结婚被对方否决，与梁光明分手，再度休学。随后三毛前往西班牙，进入马德里文哲学院。同年6月在《幼狮文艺》上发表《安东尼·我的安东尼》。在圣诞节与荷西相识。

1968年

拒绝荷西对自己的爱，与其分别，后游历巴黎、慕尼黑、罗马等地。

1969年

进入西柏林自由大学哲学系，专心攻读德文。期间与德国男子约根恋爱，但忍受不了对方的刻板和严厉，后分手。

1970年

得到美国伊利诺大学主修陶瓷的机会，并在伊利诺大学法律系图书馆负责英美法图书的分类工作，对她的人生经验和语言进修上有很大助益。

1971年

回到台北，受张其昀的邀请在文化学院教授德文和哲学。

1972年

与一名德裔男子恋爱并订婚，结婚前夜，未婚夫因心脏病发作猝死。三毛自杀获救，年底再赴西班牙，与荷西重逢，得知对方未曾忘记“六年之约”，接纳了荷西。

1973年

在西属撒哈拉的小法院与荷西公证结婚，出版了《撒哈拉的故事》。沙漠时期的生活激发了她潜藏的写作才华，并受当时《联合报》主编的鼓励，作品源源不断，并开始结集出书。

1974年

在《联合报》的副刊发表《沙漠中的饭店》，首次使用笔名

"三毛"。

1975年

因摩洛哥进军撒哈拉，三毛被迫离开，永诀这块让她眷恋的沙漠圣地。

1976年

因战乱导致荷西失业，他与三毛迁居大加纳利岛。

1977年

荷西前往尼日利亚，三毛跟随。同年《稻草人手记》和《哭泣的骆驼》出版。

1979年

跟随荷西来到拉芭玛岛，同年9月，荷西因潜水意外而离世，三毛精神极度崩溃，在父母的陪同下回到台湾。

1980年

因婆婆提出要求，重返西班牙和加纳利，处理荷西的遗产。

1981年

结束流浪异国14年的生活，在台湾定居。同年《联合报》赞助她去中南美洲旅行半年，回来后写成《万水千山走遍》，并作环岛演讲。此后，三毛担任文化大学（原为文化学院，1980年改名）文艺组教师，传授小说创作和散文习作两门课程，深受学生喜爱。

1985年

参加第二届新加坡华文文艺营，同年出版《倾城》《谈心》和《随想》。后因神经错乱，去美国疗养。

1989年

第一次回大陆，发现自己的作品在大陆也拥有不少的读者，同期专程拜访以漫画《三毛流浪记》驰名的张乐平先生，圆了心愿。

1990年

从事剧本写作，完成生平第一部中文剧本，也是她最后一部作品——《滚滚红尘》。

1991年

1月2日，因子宫内膜肥厚住进台湾荣民总医院，1月3日开刀完成手术。1月4日清晨，医院清洁女工打扫卫生间时，发现三毛被尼龙丝袜吊在马桶上方，年仅48岁。

附录2
三毛语录

【品读与修炼】

读书多了，容颜自然改变，许多时候，自己可能以为许多看过的书籍都成了过眼云烟，不复记忆，其实他们仍是潜在的。在气质里，在谈吐上，在胸襟的无涯，当然也可能显露在生活和文字里。//《送你一匹马》

【世俗】

人情冷暖正如花开花谢，不如将这种现象，想成一种必然的季节。//《亲爱的三毛》

【哭笑随心】

我爱哭的时候便哭，想笑的时候便笑，只要这一切出于自然。我不求深刻，只求简单。//《流星雨》

【笑着活】

我笑，便面如春花，定是能感动人的，任他是谁。//《撒哈拉的故事》

【念及深处】

每想你一次，天上飘落一粒沙，从此形成了撒哈拉。每想你一

次，天上就掉下一滴水，于是形成了太平洋。//《撒哈拉的故事》

【谜一样的眼】

有时候，我多么希望能有一双睿智的眼睛能够看穿我，能够明白了解我的一切，包括所有的斑斓和荒芜。那双眼眸能够穿透我最为本质的灵魂，直抵我心灵深处那个真实的自己，她的话语能解决我所有的迷惑，或是对我的所作所为能有一针见血的评价。//《雨季不再来》

【执手与放手】

或许，我们终究会有那么一天：牵着别人的手，遗忘曾经的他。//《雨季不再来》

【所谓时光】

岁月极美，在于它必然的流逝。春花、秋月、夏日、冬雪。//《岁月》

【离别】

我愿意在父亲、母亲、丈夫的生命圆环里做最后离世的一个，如果我先去了，而将这份我已尝过的苦杯留给世上的父母，那么我是死不瞑目的，因为我已明白了爱，而我的爱有多深，我的牵挂和不舍便有多长。//《梦里花落知多少》

【成长的真谛】

所有的人，起初都只是空心人，所谓自我，只是一个模糊的影子，全靠书籍绘画音乐电影里他人的生命体验唤出方向，并用自己的经历去充填，渐渐成为实心人。而在这个由假及真的过程里，最具决定性的力量，是时间。//《空心人》

【关于索取】

人生一世，也不过是一个又一个二十四小时的叠加，在这样

宝贵的光阴里，我必须明白自己的选择。//《送你一匹马》

【梦想】

梦想，可以天花乱坠，理想，是我们一步一个脚印踩出来的坎坷道路。//《亲爱的三毛》

【顺其自然】

刻意去找的东西，往往是找不到的。天下万物的来和去，都有他的时间。//《谈心》

【坚忍】

个人的遭遇，命运的多舛都使我被迫成熟，这一切的代价都当是日后活下去的力量。//《梦里花落知多少》

【别说再见】

走得突然，我们来不及告别。这样也好，因为我们永远不告别。//《我的宝贝》

【缘分】

那些因为缘分而来的东西，终有缘尽而别的时候。//《我的宝贝》

【快乐为何物】

真正的快乐，不是狂喜，亦不是苦痛，在我很主观的来说，它是细水长流， 碧海无波，在芸芸众生里做一个普通的人，享受生命一刹那的喜悦，那么我们即使不死，也在天堂里了。//《雨季不再来》

【永不言弃】

所以，我是没有选择地做了暂时的不死鸟，虽然我的翅膀断了，我的羽毛脱了，我已没有另一半可以比翼，可是那颗碎成片片的心，仍是父母的珍宝，再痛，再伤，只有他们不肯我死去，

我便也不再有放弃他们的念头。//《梦里花落知多少》

【等待放晴】

这时候我注视着眼前的雨水，心里想着，下吧、下吧，随便你下到哪一天，大地要再度绚丽光彩起来，经过了无尽的雨水之后。//《雨季不再来》

【寻找】

后来，我有一度变成了一个不相信爱情的女人，于是我走了，走到沙漠里头去，也不是去找爱情，我想大概是去寻找一种前世的乡愁吧！//《沙漠》